Tus lunas negras y blancas

Erica Noemí Facen
@lunalogia

Tus lunas negras y blancas

Guía ilustrada sobre las luces y sombras de la Luna y del alma

ALFAGUARA

Primera edición: mayo de 2023
Primera reimpresión: mayo de 2023

© 2023, Erica Noemí Facen
© 2023, Penguin Random House Grupo Editorial, S. A. U.
Travessera de Gràcia, 47-49. 08021 Barcelona
© iStock Photos, por las imágenes de interior y de cubierta

Diseño de cubierta: Penguin Random House Grupo Editorial

Printed in Spain – Impreso en España

ISBN: 978-84-19191-87-8
Depósito legal: B-851-2023

Impreso en Gómez Aparicio, S.L.
Casarrubuelos (Madrid)

AL 9 1 8 7 8

Para Orión

Índice

PRÓLOGO

S i te interesa conocerte mejor a ti mismo, y si quieres vivir de una manera más armónica y sana, este libro tiene mucho que ofrecerte.

En la actualidad, los jóvenes comparan sus propias vidas, sus cuerpos y sus sentimientos con las imágenes de felicidad, aventura y belleza que encuentran en el constante flujo de contenido en los medios sociales. En esta comparación uno casi siempre sale perdiendo, imperfecto, miserable, y con una vida sin emoción.

Es alarmante cuántos jóvenes toman antidepresivos o ansiolíticos en una sociedad que les exige cada vez ser más productivos. En las escuelas y universidades se enseña implícitamente a sobreponerse a las necesidades de nuestro cuerpo como si este fuera algo aparte de nosotros mismos. Es muy difícil ser activos y efectivos constantemente: no somos así, somos cíclicos y fluctuantes. Y si no respetamos el subibaja de nuestra energía e ignoramos nuestras necesidades más fundamentales pagamos un precio muy caro al final.

Hoy en día mucha gente desconoce la Luna y ha perdido el contacto con ella. En las ciudades con tanta iluminación es difícil verla y darse cuenta de en qué fase está. Durante todo el desarrollo de la humanidad, la Luna estaba presente cuando iluminaba, o no, la noche, y los seres humanos la observaban y conocían sus ciclos. Ahora solemos prestar menos atención a su presencia.

Cuando perdemos contacto con la Luna, lo perdemos también con nosotros mismos, nuestros cuerpos y nuestros ritmos. Como seres humanos no somos algo aparte de la naturaleza o el cosmos; vivimos en el universo y el universo vive en nosotros. Si no aceptamos o entendemos lo más básico de nuestra existencia, nos empujamos a contracorriente hacia un final catastrófico para nosotros mismos y para la humanidad.

En este importante libro, **Erica** explica que la Luna es blanca y negra, tiene un lado de luz y un lado de sombra, y es cíclica y fluctuante. En la medida que aprendamos a aceptar los vaivenes en nuestra vida, nuestra luz y nuestra sombra, podemos vivir mejor, ser más completos, obteniendo tranquilidad y paz interior. Una manera de acceder a este conocimiento es estudiar la Luna.

Durante los años que he ido conociendo a **Erica**, he tenido la gran fortuna de trabajar con ella y también he aprendido que las emociones hay que sentirlas, aceptar que hay días o temporadas con más tristeza y cansancio, y también tiempos con mayor energía y bienestar.

Siempre es un alivio cuando, sin saber por qué me siento triste y sin ganas, **Erica** me dice: «Anna, ahora estás en tu retorno lunar» o «Estamos en Luna negra», y me enseña a ser más consciente de mis propios ciclos y cómo se relacionan con todo lo demás. Me queda claro que hay razones para que me sienta así, y que esto también va a pasar. Es un bajón y luego vuelve a subir mi energía, naturalmente. Sabiendo esto es más fácil aceptarlo y fluir con mis tiempos y emociones.

Esta sociedad no nos enseña a aceptarnos, y rápidamente ponemos etiquetas a nuestros estados de ser, como «depresión», «bipolaridad», «ansiedad» u otras cosas por el estilo. Claro, a veces es así, y los diagnósticos también nos pueden facilitar encontrar ayuda, pero como psicoterapeuta creo que muchas personas pueden sentir alivio si se toman el tiempo para aprender a aceptarse a sí mismos, conocerse mejor y conectar con sus cuerpos y sus necesidades físicas y emocionales. Con las prisas actuales, los médicos recetan con rapidez medicamentos y no tomamos el tiempo necesario para sanar y recuperarnos profundamente.

Los viejos sabios nos enseñaron que como es arriba es abajo; lo que observaban en el cielo también se veía reflejado aquí en la Tierra. Conociendo los ciclos de la Luna puedes conocer tus propios ciclos, fluir con ellos y aprovecharlos mejor, ser productiva, ser social y también descansar.

En mi vida he aprendido otra verdad: que lo que está fuera refleja lo que está dentro, y viceversa; mi vida es un reflejo de mi estado interior.

Erica ha estudiado la Luna durante muchos años y es una de las personas que mejor la conoce, y no es poca cosa conocer la Luna, algo tan impactante, tan misterioso y tan presente en nuestras vidas.

ANNA JOHANSSON
Psicoterapeuta, astróloga y docente

LA HISTORIA DE LA SEMILLA QUE QUISO SER FLOR

La semilla germina en la completa oscuridad.

Sola.

Debe romperse, rasgarse, asomarse al mundo y enfrentarse a la incertidumbre.

Su intuición le dice que si se extiende lo suficiente verá la luz. Pero solo la fe la impulsa, no sabe lo que le espera.

En su lucha por crecer en la noche de la tierra, recibe todo el apoyo: los nutrientes necesarios están a su alrededor para sostenerla. Y llega ese día épico en el que se asoma al mundo y ve el Sol. Lo había sentido desde la profundidad. Un calor reconfortante y prometedor. Ahora sabe de dónde llega la luz y desea extenderse hacia ella. El Sol va y viene, y, cuando desaparece en las tardes por el oeste, le recuerda sus inicios dentro de la tierra: la oscuridad. Pero ya no hay miedo a la soledad. Hay otras plantas como ella y tiene nuevas amigas. La luna llena aparece de noche y se parece al Sol.

> La atrae hacia el cielo como si quisiera abrazarla.
> Vienen abejas y mariposas que danzan en el aire
> como abanicos. La lluvia la acaricia y colma su sed.

Va extendiéndose siempre más alta, sumando hojas y tallos. Le toma gusto al proceso de crecer. Y, cuando el viento es frío y cruel, recuerda su batalla en la oscura soledad. Ya sabe que es solo una fase y luego vuelve a ser brisa suave. Lo aprendió del Sol, que va y viene, rítmico y constante. Observando el campo vio que hay algo mágico que sucede en las plantas: dan un espectáculo asombroso, creando flores con aromas y tonos que atraen multitudes de abejas y mariposas. Es hermoso. Ahora entiende su propósito: ella florecerá, llenándose de colores.

Finalmente llega el día soñado: de sus tallos empiezan a nacer pimpollos que cada día se hacen más plenos. Su felicidad rebosa. Todo valió la pena. El frío, la sed, la oscuridad. Y se abre en flores de colores perfumados, mientras las abejas y las mariposas festejan su creación. Ahora es flor y no puede contener tanta alegría.

Quiere cantarle al campo: «¡Lo logré, florecí!».

Pero una tarde, con horror, siente que algo cambia. Sus pétalos ya no son túrgidos, comienzan a perder el brillo, y su aroma ha desaparecido. Nuevamente se enfrenta a una tremenda incertidumbre.

Y es como si llorara cuando los pétalos empiezan a caer. Siente que agoniza y la tristeza la inunda. Con una mezcla de impotencia e incredulidad va asumiendo que todo llegó a su fin. No queda nada de sus flores; solo un botón seco y descolorido. Las mariposas y las abejas parecen haberse olvidado de ella. Se siente sola, hasta cuando el Sol la visita. Si no es flor, ¿entonces quién es? ¿Será que su vida ha acabado?

Un día, en su triste abandono, nota algo diferente. Donde estaban las flores, algo está cambiando: crece, se expande. Siente que algo dulce viene, aunque no sabe qué es. La expectativa y la curiosidad por descubrir en qué se está convirtiendo le traen de nuevo esperanza. La vida no ha terminado, solo ha cambiado. Y así vuelven los colores y los aromas. Donde un día lloró por los pétalos ausentes, ahora celebra sus frutos. Se siente plena y con ganas de cantarle nuevamente al campo. Hay nuevos amigos que la visitan y todo parece un milagro: es fruta dulce y jugosa, llena de vida. Llegan los pájaros a probarla y comparte su alegría.

Pero un amanecer nota algo estremecedor. Sus frutas ya no se ven tan lindas. Empiezan a desinflarse y mancharse. Trata de sostenerlas, de aferrarlas, pero, como los pétalos, empiezan a caer. Y esta vez a la tristeza se le une la rabia. Quiere gritarle al Sol, a la Luna, a la Tierra. ¿De esto se trata, de hacerme feliz para luego quitármelo todo?

Algunos de sus tallos se pusieron duros. Están recubiertos de una espesa corteza y el viento ya no la hace temblar. Pero no hay dulzura de frutas, ni flores de colores. Y otra vez no hay propósito, rumbo, ni explicación. Las frutas van desapareciendo en el suelo y se descomponen. Y es aquí donde siente que la muerte ha llegado finalmente: son sus hojas ahora, que caen, haciendo volteretas en el aire, como si no bastara verlas caer para sentirse perdida.

En el suelo un manto de hojas secas y ella desnuda, enfrentando un viento helado y días grises que recuerdan las noches. ¿Será que hasta el Sol se olvidó de ella? ¿La abandonó por no haber sostenido sus flores o no haberse aferrado lo suficiente a sus frutos?

La tristeza inunda sus ramas y la noche del alma la cubre con un manto. «Llegó el fin», repite dentro de sí.

De repente una mañana el Sol la saluda con un abrazo cálido y los pájaros le cantan felices. Cree que es un adiós, una pequeña tregua a su agonía, pero siente un cosquilleo en sus ramas. ¿Será la muerte, que viene a tomarla de los brazos?

¡Quiere llorar de alegría cuando descubre que lo que siente son sus hojas, que están creciendo nuevamente! «Será que vuelvo a nacer», se dice, algo temerosa, entre la esperanza y el miedo a confiar y desilusionarse nuevamente.

Cada día el Sol es más cariñoso con ella y dos pájaros hicieron su casa entre sus ramas. Sus hojas se han multiplicado con los días y la visten de un brillante color esmeralda. Ahora recuerda cuando llegaron las hojas la primera vez. Ella pensaba en florecer y crecer hasta el Sol. No se había percatado de lo hermosas que son, de qué bien se sienten. Ahora sabe valorarlas, quizá también porque ya las perdió. Se dice a sí misma que ahora apreciará cada hoja que la arropa. Agradecerá cada vez que el Sol brille en el día y la Luna ilumine sus noches. No puede perder ninguna ocasión de sentirse viva y feliz. Y es en una mañana tranquila cuando nota que tiene nuevas plantitas debajo. Son pequeñitas y se extienden hasta lo alto como hizo ella. Siente una extraña familiaridad al observarlas. Y de repente, como si la iluminaran, lo entiende: lo que le crece por debajo son sus semillas. Sus hojas caídas fueron ofrenda. Sustento a la nueva vida. Alimento para sus hijas, que llenarán el campo de flores y frutas.

Finalmente lo comprende todo. **Solo quería ser flor, pero ahora sabe que esa es solo una fase de su potencial creativo. Quería que la noche del alma nunca llegara, pero ahora conoce los ciclos y sabe que es una fase de descanso y entrega. Quería que el tiempo se detuviera cuando todo estaba bien. Pero descubrió que todo lo bueno se ofrenda, y eso promete traer algo mucho mejor. Estar en sintonía con la naturaleza y la propia esencia es cambiar constantemente, alternar periodos de cre-cimientos con otros de pausa e introspección.**

Quisiera susurrar a sus hijas que anhelan ser flores que van a ser mucho más que eso. Que un día serán árbol, fruta, semilla. Que no teman las pérdidas: las renuncias son ofrendas que sustentan un nuevo crecimiento.

Pero también sabe que cada semilla deberá trazar su camino hacia la luz; recorrer su propio sendero, abriendo paso a su enorme potencial creativo.

Este libro es para ti, que eres semilla, flor, fruta,
árbol, bosque. Y la promesa de un mundo mejor.

Introducción

ALTERADOS
POR LA LUNA

«El bamboleo lunar es culpable de la muerte de millones de manglares en Australia», afirma un artículo científico publicado en septiembre de 2022 en *Science Advances*[1].

¿Qué tiene que ver la Luna con los árboles australianos?

¿Por qué le echan la culpa?

Como cuerpo celeste más cercano a la Tierra, la Luna posee una íntima relación con las mareas. Atrae con fuerza la Tierra, al ritmo de sus ciclos misteriosos, gracias a su atracción gravitacional. El artículo científico que apunta el dedo contra la Luna se refiere a un ciclo lunar poco conocido: el lunasticio, que alterna periodos de máximo acercamiento y alejamiento de la Luna, cada 18,6 años. El bamboleo cambia la forma en que la gravedad de la Luna tira de los océanos, por lo que los periodos de mareas excepcionalmente altas son seguidos por mareas excepcionalmente bajas. Como los manglares dependen de la marea para vivir, fuertes cambios en ella repercuten en su bienestar.

Pero ¿qué hay del efecto de la Luna en el resto del agua, elemento predominante en todos los seres vivos?

> La muerte de los manglares en Australia es solo un ejemplo de cómo influye nuestro satélite en la naturaleza terrestre.
> La Luna no solo altera los océanos, sino a todos nosotros.

1   https://www.science.org/doi/10.1126/sciadv.abo6602

Influye en la vida, de forma mucho más profunda e intensa de lo que podemos comprender. Los patrones de crecimiento de las plantas, la reproducción de las especies, la migración de las aves y los peces, así como la actividad de los seres vivos.

Y también en la producción de los neurotransmisores que determinan nuestro estado de ánimo: aunque no seamos conscientes de ello, nuestras emociones, nuestra creatividad, nuestras acciones y reacciones también están sincronizadas con los ciclos lunares.

En mi primer libro, *Todas tus lunas*, te propuse un viaje a la Luna para conocer cómo opera su fuerza. Fue una exploración de los diferentes movimientos que realiza y cómo nos influencian. Hoy te propongo nuevamente un viaje a un territorio aún más misterioso y desconocido: las lunas negras y blancas y sus 7 principios.

Este libro tiene como objetivo ayudarte a entender mejor las dinámicas naturales y aplicarlas en tu día a día, brindándote consciencia y un mejor manejo de la vida, en todos sus aspectos. A través de la comprensión y la aplicación de estos principios, podrás alcanzar un mejor conocimiento de ti mismo y del mundo que te rodea. Accederás a una mayor capacidad para manejar las situaciones difíciles de la vida e integrarás las claves para hacer de cada crisis una valiosa oportunidad.

EL ARTE DE ORDENAR LA MATERIA

El ser humano siempre ha tenido deseo y curiosidad de comprender los misterios del universo exterior e interior. Por milenios ha observado la naturaleza, tratando de extraer las leyes y principios que revelan el orden intrínseco de todas las cosas. La idea moderna de que el universo está regido por el caos se disuelve, si bien estamos dispuestos a mirar con atención los patrones matemáticos que rigen el todo.

El crecimiento de una hoja, el ADN, el movimiento del Sol, todo responde a un orden primordial. La naturaleza se organiza y se expresa con un lenguaje que no entendemos, simplemente porque no la observamos lo suficiente.

Según el *Diccionario de la Real Academia Española*, la palabra «matemático» es la forma en desuso con la que se designó a los astrólogos, ya que fueron los antiguos encargados de descifrar los patrones numéricos detrás de los ciclos marcados por los movimientos planetarios. La naturaleza y los seres humanos nos organizamos en códigos, ritmos, fases, ciclos.

Los 7 principios que te propongo en este libro no son nada nuevo. Son parte de las dinámicas naturales intrínsecas de la vida; han estado ahí desde siempre y prevalecerán. Todas las culturas han ahondado en ellos y los han explicado con sus propios símbolos. Cuando observamos detenidamente los procesos interiores y exteriores, se revelan como una constante natural en todas las cosas. Intuitivamente ya los conoces, porque son parte de la dinámica natural de tu vida. Mi intención es recordarlos, dar claves de lectura y de aplicación práctica. Tenerlos presentes te permitirá descifrar el tiempo de una forma diferente y aprovechar las oportunidades ideales en cada momento. Aumentar tu poder de acción, ampliar tu potencial e iluminar tu consciencia.

LUNAS NEGRAS Y LUNAS BLANCAS

La astrología es la ciencia de la luz y enseña acerca de los ciclos de iluminación y oscuridad, colectivos y personales. Es el lenguaje del macrocosmo que se refleja en el microcosmo. Representa todas las expresiones posibles de la naturaleza, ordenadas en su proceso de desarrollo. Es el código de la naturaleza misma, de la que eres parte.

En este libro uso los términos «Luna negra» y «Luna blanca» refiriéndome tanto a fases de la Luna como a toda una serie de procesos de culminación o cierre de ciclos, de diferente duración. Las lunas negras y blancas son estados del ser en determinadas fases de los procesos de la vida. El ciclo lunar es un modelo, común en todos los ciclos naturales: todos ellos poseen una fase de cierre, o Luna negra, y una fase de culminación, o Luna blanca.

Durante tu vida vivirás fases de cierre y de culminación de diferente intensidad y duración. Las lunas negras y blancas periódicas suceden tanto a nivel colectivo como personal.

Conocer la naturaleza de los ciclos enseña cómo mantener tu propia luz y no perderte en una de las fases oscuras de la vida. Te permite aprovechar las poderosas capacidades que sueles obtener durante las fases luminosas. Si integras este conocimiento podrás darle un significado diferente al sufrimiento que sueles experimentar en las lunas negras. Y podrás aprovechar las capacidades superiores que surgen durante las lunas blancas.

> **Saber acerca de los ciclos te permite conocer tus propios ciclos y te revela el lado oculto de lo que está sucediendo en tu vida y de lo que viene después.**

Las fases oscuras de la vida son procesos de destilación, que aportan nueva sabiduría y potencial de crecimiento. El ciclo que llega a su fin expulsa lo superfluo para generar el espacio donde se instaurará un mejor orden. Eres parte de la naturaleza y vives procesos de evolución y adaptación de forma constante. Después de la fase de crisis y sombra, viene una fase de nueva luz: accedes a una nueva versión de ti, más sofisticada. Cuanto más grande es el descenso que experimentas en una etapa de crisis, mayor será el potencial de crecimiento al que accederás.

Estoy aquí para recordarte los 7 principios del ciclo de poder. Un poder que es tuyo y puedes usarlo en todas las áreas de tu vida para ampliar tu consciencia, mejorar tus capacidades y aumentar tu bienestar.

Mi propósito es que recuerdes lo poderoso que eres.

Ojalá este libro pueda contribuir a ello.

Gracias por estar aquí.

DEFINICIÓN DE LUNA NEGRA

Fase de cierre de un ciclo natural. En el ciclo sinódico (de una luna nueva a la siguiente), los tres días previos a la luna nueva. Esta es una fase introvertida, donde el subconsciente y el inconsciente se enfatizan. Se sienten las emociones y el cuerpo con más intensidad. Todas las experiencias pendientes para ser procesadas se hacen más obvias y perceptibles. Es en esta fase donde se siente el cansancio acumulado, las lágrimas no derramadas, las heridas pendientes de ser sanadas. Es una etapa de duelo donde hay que tomar la palabra en su doble sentido. Duele porque debe doler y duele porque se debe afrontar. Al no hacerlo se guardan esas experiencias en lo profundo. Algo que es contenido, encerrado por dentro, ocupa un espacio y requiere energía para mantenerse cautivo y censurado dentro de uno mismo. Agua que no fluye, agua que se pudre. La clave para que salga y se vaya es sentirlo. Darle espacio y presencia. No es agradable, pero sí, te lo prometo, es profundamente liberador y sanador.

Lamentablemente la reprogramación y actualización son necesarias y vienen acompañadas de procesos de destrucción y purificación. Estos procesos tan incomprendidos, temidos y rechazados por la mayoría son primordiales para tu evolución. Es en esta fase cuando se auspicia el potencial de la fase siguiente. La renuncia a lo superfluo permite que se cree el espacio necesario para un nuevo crecimiento. Como las hojas que caen en otoño y son alimento para las raíces y las nuevas semillas. La Luna negra representa un momento donde el velo entre consciente e inconsciente se hace tenue, y puedes ver lo que antes no veías, e integrar tu sombra para transformarla en luz. No necesitas ser astrólogo para individuar cada cierre de ciclo, basta con que te observes: cuando sientes que pierdes el sentido, que no ves con claridad, que todo se hace más pesado, atraviesas lo que yo llamo una «Luna negra». Integrar los principios del ciclo te permite tener presente que es una fase de transición. En ella todo se ve más oscuro de lo que es, y pronto se iniciará una nueva etapa, más luminosa.

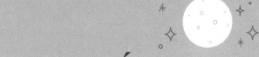

DEFINICIÓN DE LUNA BLANCA

Fase de culminación de un ciclo natural. En el ciclo sinódico (de una luna nueva a la siguiente), los tres días previos a la luna llena. Esta fase se caracteriza por ser muy activa y extrovertida, y aportar un enfoque objetivo y cargado de consciencia. Se suele sentir más energía y propósito. Es una fase ideal para tomar acción y enfocarte en todo aquello en lo que vale la pena invertir tu energía. En esta fase conectas y fluyes hacia tus metas con más facilidad. Eres sumamente efectivo y asertivo. El extra de energía experimentado en esta fase muchas veces es derrochado y desaprovechado. Por más que existe más claridad y objetividad, la agitación y la impulsividad que la caracterizan no siempre son dirigidas conscientemente. Si tienes en cuenta que posees más influencia en el mundo material durante las lunas blancas, puedes aprovechar este poder para conquistar metas específicas. Lograr mucho más, con menos esfuerzo, en los días indicados.

> Observar tu mundo exterior e interior con una claridad privilegiada por la culminación de la objetividad y la consciencia de la que disfrutas en esta fase.

El principio
de fluctuación

El principio de fluctuación enseña que todo alterna
entre opuestos, todo asciende para después descender,
todo fluctúa. Tu nivel de energía, atención y claridad
varían, y eso hace que no siempre tengas las mismas
capacidades. Tal vez pensaste que para obtener buenos
resultados debes ser constante, pero la vida no lo es.

Tratar de mantener siempre el mismo rendimiento solo
termina drenándote. Si comprendes la fluctuación del
ciclo y la aplicas a tu vida, puedes obtener resultados
extraordinarios con menos esfuerzo. Además,
contemplarás espacios periódicos de placer y relax,
necesarios para recargar al máximo tu potencial
creativo y activo.

La fluctuación es la clave del éxito.

LA NATURALEZA
ES INCONSTANTE

«La inconstancia no es un aspecto negativo, sino enriquecedor,
que nos concede poder».

Miranda Gray

Cuando observas detenidamente puedes ver como todo fluctúa constante-mente. La naturaleza varía según las estaciones; el día, según la altura del Sol en el cielo. Y tú también vas alternando, fluctuando, cumpliendo ciclos. A veces, eres tanta luz como el Sol del mediodía; otras te ensombreces como la noche oscura. Tu corazón se expande y se contrae, como lo hace tu pecho al respirar; todo se alterna entre dar y recibir, todo late fluctuando entre opuestos.

Tu naturaleza es inconstante. Mientras el ritmo cotidiano te presiona para que estés siempre activo y cumpliendo metas, la naturaleza te muestra que en ella todo está en perfecto equilibrio. Por parte del día hay luz por otra, oscuridad. Por parte del ciclo lunar todo crece y se expande, por otra todo se relaja y descansa. Por parte del año la vida florece, por otra todo parece morir.

También la claridad mental, la energía física, la sensibilidad emocional varían, oscilan y son inconstantes.

Y la inconstancia no es negativa, es enriquecedora.
Permite que todo se regenere y se recargue, se nutra
de forma óptima.

Si persigues la constancia, invariablemente te sentirás satisfecho por los mo-mentos de alta energía y frustrado por los momentos donde tu energía baja o no tienes tanta claridad.

SI INTEGRAS EL PRINCIPIO DE FLUCTUACIÓN, PODRÁS:

- Comprender mejor tu estado interior.
- Identificar los momentos ideales para cada actividad.
- Permitirte descansar y relajarte en los momentos óptimos.
- Planificar mejor tu tiempo.
- Aceptarte en tus diferentes fases.
- Ser más flexible contigo mismo.
- Potenciar tu creatividad.
- Tener mejores resultados con menos estrés y esfuerzo.
- Ser tremendamente más productivo y efectivo invirtiendo. menos energía y tiempo.
- Evitar drenarte por estar siempre activo.

TE ENGAÑARON, ES PARA EL OTRO LADO

> «La clave prácticamente desconocida para lograr un éxito rotundo a largo plazo reside en una sencilla palabra: fluctuación».
>
> Robin Sharma

El ciclo lunar es un modelo claro de fluctuación constante. La diosa plateada del cielo pasa de iluminarse en toda su magnitud a apagarse hasta desaparecer, periódica y rítmicamente cada dos semanas. Lo curioso es que el ciclo lunar sigue el mismo modelo de todos los ciclos naturales. En todos ellos encontramos la misma estructura de fases y dos tendencias, una de crecimiento y otra de relajación. Lo observamos durante el día, cuando el Sol asciende hasta lo más alto del cielo, para luego declinar hasta desaparecer y sumirnos en la oscuridad. En la naturaleza todo está en perfecto equilibrio y cuando nos alejamos de ella perdemos el balance.

En 2022 la OMS reconoció el *burnout* o síndrome de desgaste ocupacional como una enfermedad. Un artículo de *El Economista* lo define como «sentir un bloqueo mental constante, ganas de rendirse —quizá hacerlo—, preferir realizar otra actividad, frustración, cansancio físico y emocional. A muchas personas les resuenan estas palabras en el cuerpo y tal vez en alguna parte intangible de su ser, y esos síntomas tienen un nombre: síndrome de desgaste ocupacional, o simplemente *burnout*, una palabra inglesa que se refiere a quemarse, consumirse, reducirse».

De repente se volvió normal estar siempre cansados, estresados, drenados. Parece que el mundo perdió el control del tiempo y se volvió esclavo de él. Cuando no conoces algo, es fácil sucumbir ante ello. Y el tiempo, uno de los mayores misterios de la existencia, nos comió. El *burnout* es un tema grave que suprime

La tristeza y el cansancio

Tristeza y cansancio son los dos mejores ejemplos de estados naturales que en esta sociedad son poco aceptados y comprendidos. La sociedad nos premia cuando somos felices, activos y productivos, y nos rechaza cuando somos pasivos. Las personas aprenden a hacer lo mismo. Pretenden estar siempre activas, felices y produciendo, alejándose de su equilibrio natural. Esto lleva a una acumulación de tristeza o cansancio que se presentará con intereses en un momento determinado.

El síndrome de cansancio crónico o *burnout* y la depresión son epidémicos. Quizá se trata simplemente de comprender que eres como la Luna: por una mitad del ciclo, activa; por la otra mitad, pasiva, introspectiva. Lo mismo hace el Sol con las estaciones. En primavera todo crece y florece y cuando llega el verano las frutas maduran. Pero luego viene el otoño, donde las hojas caen. Llega el invierno, y esas hojas se transforman en tierra fértil. En ofrenda, nutrirán las semillas, las flores, los frutos que vendrán. Los ciclos naturales te enseñan que hay un equilibrio entre florecer y nutrirte. Entre producir y disfrutar. Entre dar y recibir. Entre estar activo y relajarte.

> **Vivimos a un ritmo que quiere prescindir de la fase nutritiva y de descanso. En una sociedad que espera solo frutas y flores. No quiere ver hojas que caen, y menos aún que se descomponen en la tierra.**

El cansancio crónico es un mal sigiloso que se expande en el mundo moderno; reflejo de nuestras tierras depredadas, que por producir constantemente quedaron sin nutrientes. No podemos parar. No queremos ir hacia dentro. Nos aterra ver nuestras hojas caer.

Y así no hay flores de colores, ni frutos deliciosos.

Y corremos más. Porque si no estamos floreciendo será que no nos esforzamos lo suficiente.

Por favor, detente: es para el otro lado.
Date tiempo, espacio, amor.
Relájate, respira, nútrete.
Si quieres ser flor, deja que las hojas caigan.
No se necesita más esfuerzo.
Se trata de más cuidado propio y amor hacia ti.

la creatividad, la motivación, la frescura y las ganas de vivir. Las personas que han pasado demasiado tiempo activas, siendo productivas constantemente, terminan por drenarse. Se exprimen hasta quedar vacías. Lo terrible es que además del cansancio constante llega una crisis de identidad: su forma de vida es hacer y producir. Y cuando ya no pueden estar activos como antes entran en un doble drama: el sentirse drenados por un cansancio constante y la pérdida de las características que conforman su identidad.

La naturaleza siempre muestra el camino: los monocultivos intensivos dejan la tierra estéril, sin minerales primordiales para la fertilidad. Producir demasiado en poco tiempo puede ser inocuo si se hace un par de veces. Pero como estilo de vida acaba con la energía y creatividad. El tiempo no solo tiene cantidad de horas, también calidad de horas. Si no alternas la calidad de tu tiempo, como lo hacen los ciclos naturales, tarde o temprano tendrás que ponerte al día con el cansancio. En otras palabras, si prescindes de los espacios de relax, recarga y cuidado de tu energía, tu mente, tus emociones y tu cuerpo físico te obligarán a parar y descansar por un extenso periodo hasta regenerar tu energía.

> Por eso es tan importante comprender el principio de fluctuación.

El ciclo sinódico

El **ciclo sinódico** es un modelo de fluctuación entre lo activo y pasivo. «Sinódico» viene de «sínodo», encuentro, y se refiere a la unión de la Luna y el Sol cada mes sobre la eclíptica. Una junta cósmica, conocida como luna nueva, que se repite cada 29,5 días. Cuando el ciclo sinódico empieza, la Luna no posee luz. Se encuentra demasiado cerca del Sol para poder verse iluminada desde la Tierra. Pero ahí, en la oscuridad, algo nace, germina. El ciclo lunar acaba de invertir su tendencia: la Luna pasó de perder luz a ganarla, aunque aún no se percibe.

Cada día sale 50 minutos más tarde que el Sol y la separación permite que una pequeña porción más de esta señora misteriosa vaya iluminándose. Crecerá cada día, mientras aumenta su distancia del Sol sobre el zodiaco. Una leve sonrisa sutil, luego una risa, hasta llegar a ser un círculo iluminado e hipnótico en luna llena. Durante su fase creciente todo crece a sus pies. Todo aumenta. Hasta llegar a la culminación en el plenilunio y brillar con toda su fuerza aclarando las noches. En el momento en que Sol y Luna están enfrentados, en luna llena, cambia nuevamente su tendencia. Ahora cada día se acercará al Sol y perderá luz. Después de su gran espectáculo, donde brilla plateada y plena, puede relajarse, menguar. Debajo de ella ahora todo se relaja. Esta es la clave principal de los ciclos: una fase de crecimiento llega a su culminación para invertir la tendencia y entrar en una fase de relax, purificación, nutrición y descanso.

EL LATIDO DEL CICLO

Todo el universo late, danza, se expande y se contrae, a su ritmo, como un corazón. La Luna se llena y se vacía de luz, exactamente como tú te llenas y te vacías de aire cuando respiras.

Una dinámica ascendente y descendente, algo que se abre y luego se cierra. Da y luego toma. Termina y vuelve a comenzar, incansablemente.

A lo largo del año la temperatura aumenta para luego disminuir, como lo hace la luz solar cada día. De la misma forma tu energía se alterna y sigue el mismo ritmo de la naturaleza, matriz del universo.

Los ciclos naturales se dividen en una fase creciente de aumento y expansión y una fase menguante de disminución y relajación.

En la fase creciente la energía va de dentro hacia fuera; en la fase menguante, de fuera hacia dentro. Es un dar y recibir, un sembrar y cosechar. Un intercambio constante que podemos identificar en todas las dinámicas de la vida.

Veamos en detalle la naturaleza de estas dos tendencias:

Creciente - Fase activa

En fase creciente todo aumenta, todo crece, se expande, se muestra. Equivale a una inhalación o a tu corazón distribuyendo la sangre por tu cuerpo. Es una fase de siembra, de inversión, de entrega y toma de acción. El ciclo te impulsa a moverte, expandirte, conquistar nuevos espacios.

Menguante - Fase pasiva

En fase menguante todo disminuye, se relaja, va hacia dentro y se procesa. Es como una exhalación, o como cuando tu corazón se contrae para traer la sangre de regreso. Es una fase de cosecha y aprovechamiento de los frutos. De introspección, de relax y de cuidado propio.

El principio de fluctuación te invita a reflexionar acerca de cómo usas y cuidas tu energía, tu mente, tu cuerpo, tus emociones.

EL RELOJ NATURAL

«El cuatro es una constante en la forma en la que las cosas
se organizan en la naturaleza».

Mark Filippi

Cuatro estaciones, cuatro elementos, cuatro fases de la respiración, cuatro puntos cardinales, cuatro fases lunares, etc. El cuatro es parte esencial del ritmo y de la medición.

En el ciclo sinódico hay 4 puntos evidentes que encontramos también en otros ciclos naturales. Por ello se suelen dividir comúnmente los ciclos en cuatro fases. Piensa en el ciclo como un reloj analógico. Exactamente como esos de pulsera o de pared. Un círculo con manecillas que giran y marcan las horas.

Antiguamente, el concepto de tiempo se dividía en *cronos*, cantidad de tiempo, y *kairos*, calidad del tiempo. Hoy en día se suele calcular el tiempo solo bajo un concepto de cantidad (días, horas, minutos), mientras que se suele omitir el factor de calidad. O quizá asociamos la calidad del tiempo solo a un factor meteorológico. Aunque el «clima astral» suele contarnos mucho sobre una calidad más profunda, energética, emocional, mental, espiritual, que suena como la música de fondo de la vida. Aunque algunas personas no la escuchen, la melodía está ahí y suele variar sus notas y su ritmo según la fase en la que se encuentra.

La cruz solar es uno de los símbolos más antiguos de la historia, ya presente en la Edad de Piedra. Nuestros antepasados observaban la transición rítmica de la calidad del tiempo. Vivían en completa simbiosis con la naturaleza, conocían y respetaban los ciclos, de los cuales dependía su supervivencia. Por ello grabaron este símbolo en menhires y artefactos, y nos dejaron un mensaje importante: el tiempo tiene cuatro fases, cuatro espacios.

Este símbolo, que para la astronomía representa la Tierra y para las religiones neopaganas las estaciones anuales, es la clave del tiempo.

La rueda cíclica nos revela que el tiempo no es lineal, sino redondo como la Luna. Y la calidad de tiempo también lo es, ya que alterna las mismas fases de forma periódica, repitiéndose a sí misma.

Es un símbolo que también es la base de lo que se conoce como «carta astral» o «carta natal», que permite obtener un gráfico detallado de los planetas en el momento del nacimiento de cada persona. Esta carta es una brújula, que nos orienta para que no nos perdamos en el espacio-tiempo.

Los ciclos alternan cuatro fases principales, cada una con su calidad intrínseca. Según el ciclo que observes, la cantidad de tiempo varía, mientras que la calidad se asemeja según la fase que cumple.

Ejemplos de las cuatro fases principales de un ciclo natural

EL DÍA - CICLO DE 24 HORAS

1	Se inicia con la medianoche - total oscuridad
2	Aprox. 6 horas después llega el amanecer - punto de equilibrio entre luz y oscuridad
3	Aprox. 6 horas después es el mediodía - momento de máxima iluminación
4	Aprox. 6 horas después llega el atardecer - punto de equilibrio entre luz y oscuridad
5	Aprox. 6 horas después el ciclo reinicia.

EL MES - CICLO LUNAR SINÓDICO DE 29,5 DÍAS

1	Se inicia con la luna nueva - iluminación lunar del 0 %
2	Aprox. 7,5 días después llega el cuarto creciente - iluminación lunar del 50 %
3	Aprox. 7,5 días después llega la luna llena - iluminación lunar del 100 %
4	Aprox. 7,5 días después llega el cuarto menguante - iluminación lunar del 50 %
5	Aprox. 7,5 días después el ciclo se reinicia

EL AÑO - CICLO DE 12 MESES

1	Se inicia con el solsticio de invierno - un máximo de horas nocturnas - oscuridad
2	3 meses después llega el equinoccio de primavera - punto de equilibrio entre horas de luz y oscuridad
3	3 meses después tenemos el solsticio de verano - un máximo de horas diurnas - luz
4	3 meses después llega el equinoccio de otoño - punto de equilibrio entre horas de luz y oscuridad
5	3 meses después el ciclo reinicia

EL PODEROSO SECRETO
DEL ÉXITO

Es al final del libro *El club de las 5 de la mañana* cuando se menciona el principio de fluctuación. No te puedes imaginar mi sorpresa al descubrir esto. Estaba leyéndolo en el periodo de investigación para este libro y jamás imaginé que terminaría dando aún más profundidad a algo que venía analizando e hilando desde hacía tiempo. El libro se lo regalé a mi hermana y le comenté que me gustaría leerlo en algún momento. Cuando me lo dio lo empecé para descansar de otro tipo de lectura, más técnica, acerca de la influencia de la Luna y los ciclos. Pero ahí estaba: uno de los libros con mayor éxito del momento hablaba justamente de aquello que estaba investigando: la importancia de la fluctuación.

> Explicaba claramente algo fundamental que yo quería comunicar: si no somos capaces de fluctuar como los ciclos, perdemos el ritmo natural y nuestra energía se termina drenando.

Es algo que conozco muy de cerca. Soy extremadamente apasionada con mi trabajo y fui dedicándole cada vez más tiempo y energía, hasta el punto de trabajar todos los días de la semana y no cogerme nunca vacaciones. Esto me llevó a un *burnout*. Llegó un momento donde me encontraba constantemente cansada, mi creatividad y mi claridad se habían esfumado y yo me presionaba para seguir produciendo los mismos resultados, sin entender qué me estaba pasando. Recuerdo el momento exacto en el que lo comprendí. Estaba sin energía, sin ganas de nada, no encontraba el sentido y era algo totalmente extraño y desconocido para mí. Tuve que admitir que había liquidado toda mi energía y solo podía detenerme a descansar y regenerarme hasta volver a sentirme bien. Las personas que estamos acostumbradas a producir constantemente resultados, cuando debemos detenernos vivimos una crisis de identidad, hemos olvidado quiénes somos cuando solo descansamos y disfrutamos. Y la única salida es ser muy pacientes y amorosos con nosotros mismos. Tú pensarás: si conoces el principio de fluctuación, los ciclos y los ritmos naturales, ¿cómo pudiste llegar a ese punto? Pensé que lo que hacía para desconectar y recargar era suficiente. Pensé que podía con todo. Pensé que lo correcto era hacer más y hacerlo mejor. Y a medida que iba acabándose mi energía también iba perdiendo claridad.

> Afortunadamente, después de algunos meses de mucho cuidado personal volví a mi esencia: mi fuerza y mi creatividad estaban intactas, como si nunca se hubieran ido. Pero yo tenía un nuevo compromiso: fluctuar como la Luna.

En el libro *El club de las 5 de la mañana* se plantean conceptos excepcionales para ser tremendamente productivos accediendo a la genialidad y al gran potencial que posee cada uno. Habla de la importancia de la fluctuación, entre producir resultados y momentos de relax, disfrute y recarga de la propia energía. Lo que para muchos puede sonar incomprensible desde un enfoque blanco o negro (o trabajo o estoy de vacaciones) es en realidad el equilibrio perfecto que siempre nos propone la naturaleza con sus ciclos. «Alternar ciclos de trabajo apasionado con bloques de tiempo reservados para recargar, relajarse, recuperarse y divertirse, es en realidad como el latido del corazón: un pulso». Y agregaría que es el pulso perfecto, capaz de mantener un equilibrio ideal que nos permite dar lo mejor de nosotros mismos, en cada ámbito de nuestras vidas.

También otros autores han planteado el principio de fluctuación desde diferentes enfoques. Por ejemplo, Miranda Grey, en su libro *Las 4 fases de la luna roja*, hace una excelente labor analizando las diferentes aptitudes que poseen las mujeres a lo largo del ciclo menstrual. Dividido en cuatro fases como el ciclo lunar (ya lo sabes: todos los ciclos naturales siguen el mismo modelo), el ciclo hormonal femenino se basa en la fluctuación hormonal, marcando un estado de ánimo y capacidades diferentes en cada semana. Obviamente analizaremos esto en detalle, más adelante.

En mi libro *Todas tus lunas* te conté acerca de la investigación de Mark Filippi, basada en los estudios de otros investigadores, como Irving Dardik, Joel Robertson y David Goodman. Este investigador neoyorquino señala cómo cada semana del ciclo lunar producimos un pico de diferentes neurotransmisores (mensajeros químicos) que nos dan diferentes estados de ánimo, aptitudes y capacidades. Fluctuamos como la Luna, químicamente, hormonalmente, emocionalmente, mentalmente, físicamente. Solo que la mayoría no suele darse cuenta.

Douglas Rushkoff, un reconocido analista de medios, autor y columnista de la revista *The Times* y del periódico *The New York Times*, puso a prueba el estudio de Filippi. Empleó el sistema para maximizar su desempeño en la escritura de su libro *Present Shock*.

Rushkoff comenta: «Usaba la primera semana de la Luna (desde la luna nueva hasta el cuarto creciente) para organizar los capítulos, hacer entrevistas y hablar con amigos y colegas sobre las ideas que estaba trabajando. En la segunda y más intensa semana (entre cuarto creciente y luna llena), me encerraba en mi oficina, con una tarea definida, y lograba escribir la mayor parte del libro. En la tercera semana (entre luna llena y cuarto menguante), editaba lo que había escrito, leía material nuevo y saltaba hacia cualquier sección que me llamara, probando ideas nuevas. En la última semana (de cuarto menguante a luna nueva), revisaba la estructura y pasajes difíciles y reprogramaba la pesadilla que es mi sitio web.

Aunque esto resulte anecdótico para cualquier otra persona, ciertamente me convenció de seguir consciente de estos ciclos de ahora en adelante».

Mi propia experiencia es que mi productividad aumentó cerca de un 40 %, y mi paz mental durante todo el proceso se transformó completamente para bien.

Los cuatro neurotransmisores identificados por Filippi son la acetilcolina, la serotonina, la dopamina y la norepinefrina. Cada uno de estos está siempre presente, pero tienen un pico de producción en una de las cuatro fases principales del ciclo lunar. «Son diferentes sabores de coherencia», dice el investigador, «y los cuatro vienen a ti todo el tiempo, pero uno es el principal en determinado momento».

Ciclo lunar y neurotransmisores

Fase lunar	Entre luna nueva y cuarto creciente	Entre cuarto creciente y luna llena	Entre luna llena y cuarto menguante	Entre cuarto menguante y luna nueva
Semana	1	2	3	4
Neurotransmisor	Acetilcolina	Serotonina	Dopamina	Norepinefrina
Función principal del neurotransmisor	Despierta el sistema nervioso	Genera sensación de bienestar y satisfacción, aumenta la concentración y la autoestima	Regula el aprendizaje, la memoria y la motivación ante estímulos	Regula los niveles de estrés
Actividades	Explorar nuevas ideas, iniciar proyectos	Enfoque en proyectos y trabajo, toma de acción	Disfrutar, relajarse, socializar	Descanso, reflexión profunda, atención al cuerpo y a los procesos internos
Tendencia	Creciente	Creciente	Menguante	Menguante
Iluminación de la Luna	De 0% a 50%	De 50% a 100%	De 100% a 50%	De 50% a 0%
Actitud	De pasiva a activa	De activa a más activa	De activa a pasiva	De pasiva a más pasiva

Principio de fluctuación

Fase lunar	Luna nueva	Cuarto creciente	Luna llena	Cuarto menguante
Semana	1	2	3	4
N.º de días	Días 1-7	Días 8-15	Días 16-23	Días 24-30
Ideal para:	Investigar, leer, aprender, iniciar proyectos y trazar metas	Tomar acción	Tomar todo con más calma. Analizar qué parte de tu proyecto o trabajo debe cambiar	Descansar y recargar energía
No indicada para:	Descansar y recargar energía	Descansar y recargar energía	Tomar acción	Tomar acción
Nivel de energía	Medio ascendente	Alto ascendente	Alto descendente	Bajo descendente
Nivel de claridad emocional	Medio	Bajo	Medio	Alto
Nivel de claridad intelectual	Medio	Alto	Medio	Bajo
Nivel de claridad emocional	Medio	Bajo	Medio	Alto
Picos de energía - Luna en el zenit	Entre las 12 p. m. y las 6 p. m.	Entre las 6 p. m. y las 12 a. m.	Entre las 12 a. m. y las 6 a. m.	Entre las 6 a. m. y las 12 p. m.

ACETILCOLINA
De luna nueva a cuarto creciente

La primera semana del ciclo se caracteriza por un pico de acetilcolina. Este neurotransmisor estimula la **motivación, la excitación y la atención. Fomenta el aprendizaje, la neuroplasticidad** y la memoria. Por lo tanto, esta semana es ideal para estudiar, aprender y planear las siguientes semanas del ciclo. Es como si despertáramos con nuevos deseos. Hay ilusión por iniciar y conectar con los demás; aunque es como cuando despiertas y aún no tienes las cosas del todo claras. **Es el momento de sembrar semillas pero también ideas. Iniciar proyectos, recolectar pensamientos, conectar con personas, trazar un plan de acción o estructurar los planes presentes. Hay mucho impulso, pero no suficiente claridad, por lo que lo ideal es dedicarse a explorar opciones y trazar posibles planes.**

Picos de energía
Entre las 12 p.m. y las 6 p.m.

SEROTONINA
De cuarto creciente a luna llena

La segunda fase principal del ciclo, que va del cuarto creciente a la luna llena, corresponde a la serotonina, también conocida como la hormona de la felicidad, ya que cuando aumentan sus niveles en los circuitos neuronales **genera sensaciones de bienestar, relajación, satisfacción, aumenta la concentración y la autoestima.**

Esta es la semana en la que Rushkoff escribió la mayor parte de su libro aprovechando el extra de energía y concentración. Filippi recomienda encontrar un espacio solitario para aprovechar estos momentos de lucidez, en los que somos más efectivos, y así obtener resultados consistentes en nuestros trabajos y proyectos. El riesgo es canalizar la energía en socializar, ya que esta fase es donde más conexiones e interacciones solemos tener con los demás. De por sí es **un estado de mayor lucidez general que te permite ver todo con más claridad. Si el extra de energía y el enfoque lúcido se canalizan en proyectos, la inversión de tiempo será doblemente efectiva. Por lo tanto, este es el momento de enfocarte en el trabajo práctico, usar tu creatividad, pasar a la acción. Esta semana se caracteriza también por ser la mejor en lanzar campañas publicitarias, ya que todos suelen estar más atentos y nada suele pasar desapercibido.**

Picos de energía
Entre las 6 p.m. y las 12 a.m.

DOPAMINA

De luna llena a cuarto menguante

La dopamina se conoce como el neurotransmisor del placer y se asocia con la recompensa. Esta es la semana donde la Luna dejó de crecer y empezó a menguar. De la misma forma simboliza un momento de celebración de los logros conseguidos, disfrute y relajación. Suelo decir que son días de resaca de luna llena: el extra de actividad, interacción e intensidad que suele experimentarse la semana previa puede dejarnos algo cansados y hasta mareados. Justamente como una resaca. Según Filippi, es una semana de diversión y actividades sociales. Resulta ideal para actividades que representen la recompensa al trabajo realizado y el relax. También es un excelente momento para reuniones sociales, vacaciones o para analizar de forma relajada tus planes, proyectos y dirección. Aún hay mucha claridad, que irá disipándose con los días. Todo suele verse con una luz más madura y consciente. En esta semana bajar las revoluciones y tomártelo todo con más calma permite que recargues tu energía. Hacerlo será fundamental para que la semana siguiente el cansancio y los excesos o carencias del ciclo entero no te abrumen demasiado.

Picos de energía

Entre las 12 a.m. y las 6 a.m.

NOREPINEFRINA

De cuarto menguante a luna nueva

La noradrenalina o norepinefrina se relaciona con el estado de alerta y vigilia y la percepción de los impulsos sensitivos. Esta semana suele ser la más difícil de todas ya que las personas están mucho más sensibles y vulnerables. Filippi dice que es cuando «entramos en una fase de respuestas instintivas de supervivencia tipo "huir o pelear" (*flight or fight*), un estado defensivo en el que nos protegemos (ya que tenemos menos reservas)». El cierre del ciclo trae de regreso todo aquello que a nivel interior no se escuchó, no se procesó, no se sanó. También el cansancio suele estar en su pico máximo. El cuerpo busca regular las carencias y los excesos, y nos encontramos con que tenemos que aceptar aquello que normalmente no aceptamos. La introspección es la característica principal de esta fase, por lo que serás mucho más consciente de tus procesos internos. Si algo te molesta, te duele o te frustra, es ahora cuando lo sientes con más fuerza. Si no dilapidaste tu energía, esta semana suele ser mucho más tranquila. Las emociones buscan ser sentidas, y si estuviste evitando sentir, cada día en el que se acerca la luna nueva, la emoción busca tu piel para ser sentida y poder marcharse.

Esta semana es ideal para espacios de cuidado personal, reflexión y descanso. Masajes, terapias, siestas y actividades relajantes son mucho más nutritivas en este momento. Todo lo que lograrás en las próximas semanas depende de cuánto te permitas regenerar tu energía y atender tus procesos interiores en esta semana.

Picos de energía

Entre las 6 a.m. y las 12 p.m.

La luz y la oscuridad

La luz y la oscuridad tienen un efecto biológico sobre el organismo conocido como ciclo circadiano. Este ciclo se basa en la interacción entre señales ambientales externas y cambios internos en el cuerpo. La principal señal ambiental que influye en el ciclo circadiano es la luz, especialmente la luz solar. La exposición a la luz durante el día activa zonas en el cerebro que estimulan la vigilia y la actividad, mientras que la oscuridad por la noche suprime esta actividad y promueve la secreción de hormonas relajantes como la melatonina, que ayudan a regular el sueño. Lo más probable es que de la misma forma que la luz solar cumple un papel fundamental en nuestros ritmos biológicos, también lo hace la Luna en el ciclo sinódico.

> **Especialmente por dos factores: la fluctuación de su luz y de su hora de salida/puesta.**

Es innegable cómo la Luna agita las mareas a horarios diferentes cada día, según la hora en la que sale en un determinado punto geográfico y alcanza el zenit. De la misma manera, los ritmos de sueño y energía suelen variar a lo largo del ciclo sinódico, según el momento en que sale la Luna y, especialmente, el momento en el que está en el punto más alto del cielo de un determinado lugar. La Luna, independientemente de si es nueva o llena, cuando llega a lo más alto, tiene una particular influencia en lo que está por debajo. La alta marea se genera en un determinado punto del océano cuando está debajo de la Luna, en el zenit. En otras palabras, si estás en la playa y ves la Luna exactamente encima de tu cabeza, en ese momento hay marea alta. Mientras que, si la Luna está saliendo o poniéndose en el horizonte, la marea es baja. El Sol también influye en la marea, como otros ciclos lunares que analizaremos más adelante.

Si algo agita la marea, algo agita todas
las aguas terrestres, incluida toda el agua bendita que
compone tu cuerpo. Hay algo interno que baja y sube,
y se activa, en diferentes momentos del día, y de
formas diversas, exactamente como la marea.

LOS PUNTOS DE EQUILIBRIO

Podemos identificar dos momentos donde la tendencia de aumento y disminución están en un punto medio, de balance; a diferencia de las culminaciones, que son puntos intensos de cambio y transformación, en el ciclo lunar los puntos medios son de pausa y reflexión, donde la energía parece algo estática. Equivalen al cuarto creciente y cuarto menguante y su influencia está activa por un máximo de un par de días, con particular efecto el día exacto en que sucede.

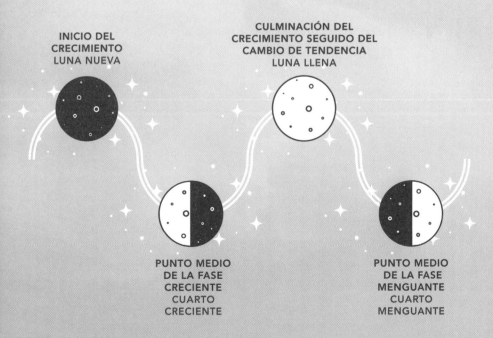

INICIO DEL
CRECIMIENTO
LUNA NUEVA

CULMINACIÓN DEL
CRECIMIENTO SEGUIDO DEL
CAMBIO DE TENDENCIA
LUNA LLENA

PUNTO MEDIO
DE LA FASE
CRECIENTE
CUARTO
CRECIENTE

PUNTO MEDIO
DE LA FASE
MENGUANTE
CUARTO
MENGUANTE

Durante los cuarto crecientes y menguante existe un momento de pausa donde todo se calma por un par de días. Los cuartos lunares son ideales para reflexionar, analizar y hacer los cambios necesarios. El mar se calma por un día o dos, dándonos lo que se conoce como mareas muertas: la variación mínima entre marea alta y baja a lo largo del mes. Lo mismo parece suceder a nivel mental y emocional; todo parece estar más plano, como el mar. Estos son los momentos para aprovechar la calma y la baja actividad general. Ten en cuenta que, si quieres obtener una respuesta o un resultado, los cuartos lunares no son los momentos más indicados. Sin embargo, son ideales para analizar, replantear, observar y hacer cambios. Tomar acción solo cuando quieres que estas no tengan repercusiones.

En cuarto creciente

Analiza cuáles son las actividades donde quieres lograr grandes resultados durante los próximos días. Reflexiona acerca de cómo llevarás a cabo cada acción y analiza si hay algo que ajustar o cambiar. En los próximos días tendrás mucha más capacidad y claridad para lograrlo y será el momento para decidir dónde y cómo vas a canalizar el extra de energía disponible.

Sentarte a escribir tus metas y diseñar un plan.

En cuarto menguante

Reflexiona acerca de cómo te sientes emocional y físicamente. Pregúntate si hay algo que te hace falta. Planea espacios de relax y recarga de tu energía. Si es necesario, agenda sesiones con terapeutas o profesionales de la salud que te asesoren. Es el momento de analizar si algo dentro de ti necesita gestión, cuidado, nutrición o purificación. Escribir acerca de tus emociones y sensaciones puede ayudarte a generar claridad. La semana siguiente estará caracterizada por menos energía y mayor introspección. Pero también por una gran capacidad de purificarte, dejar adicciones y cerrar ciclos. Las dietas y desintoxicaciones son mucho más efectivas en la semana sucesiva, por lo que también puedes usar este momento para decidir cómo mejorar tus hábitos.

Con respecto a tu vida profesional y social,
viene la semana para deshacerte de lo superfluo
y preservar lo esencial.

LA DANZA DEL CICLO

Para comprender íntimamente el ciclo hay que considerar su origen: una relación de dos.

El ciclo lunar se basa en la relación de unión y enfrentamiento del Sol y la Luna. Se acercan, se alejan, para volver a unirse, en lo que parece una sensual danza cósmica.

Todos los ciclos se basan en una relación íntima de dos factores primordiales. El ciclo lunar inicia con la Luna alineándose con el Sol sobre la eclíptica. Para comprender la eclíptica imagina una línea que va desde donde sale el Sol por la mañana, en el este, hasta donde se oculta por la tarde, en el oeste. Ahora imagina que esa línea es un círculo completo. Eso es lo que en astrología llamamos zodiaco: una pista por donde vemos circular a los planetas en el cielo. Cuando el Sol y la Luna están a la misma altura de la eclíptica (en el mismo grado zodiacal), tenemos la luna nueva. Ambos saldrán a la misma hora por el este y no será posible ver la Luna. Como la Luna se mueve por la eclíptica mucho más rápido que el Sol, se va separando de él, y cada día sale 50 minutos más tarde. Por ello solo dos días después de la luna nueva podremos verla, al atardecer, como una fina sonrisa. La Luna se aleja cada día un poco más y una semana después de ser nueva, sale ya seis horas después que el Sol. En este punto se encuentra iluminada al 50%, fase conocida como cuarto creciente. La Luna sigue avanzando rápida, y una semana después ya se encuentra en el espacio del cielo opuesto al Sol. Saldrá al atardecer, mirando a su compañero de baile de frente, y será la reina de la noche: esplendorosa y llena de luz.

Como la pista de baile es un círculo, después del momento de oposición, la Luna ya no se alejará del Sol, y empezará acercarse a él. Pasará de aumentar su

Relación Sol/Luna

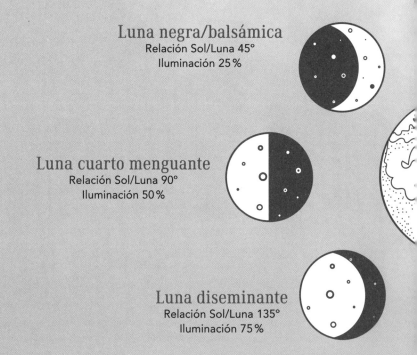

Luna negra/balsámica
Relación Sol/Luna 45°
Iluminación 25%

Luna cuarto menguante
Relación Sol/Luna 90°
Iluminación 50%

Luna diseminante
Relación Sol/Luna 135°
Iluminación 75%

luz cada día a menguar, recorriendo el camino de regreso a la unión con su amado. Una semana después de ser llena, la Luna marcará el cuarto menguante. Iluminada al 50 %, anuncia que el ciclo ya entra en su fase de cierre, y que pronto será nueva. Pero, antes de volver a brillar, deberá desaparecer oscureciéndose por completo. Una muerte simbólica, que promete un luminoso renacimiento periódico.

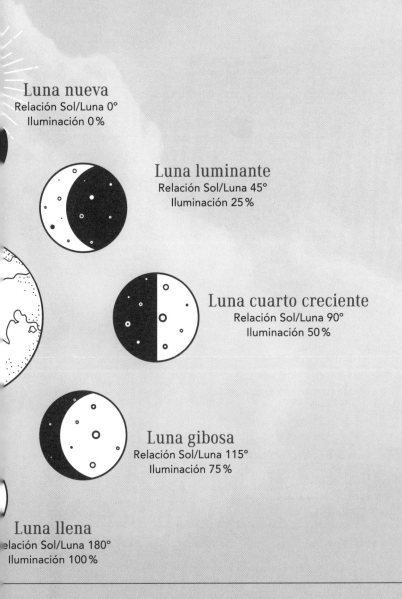

Luna nueva
Relación Sol/Luna 0°
Iluminación 0 %

Luna luminante
Relación Sol/Luna 45°
Iluminación 25 %

Luna cuarto creciente
Relación Sol/Luna 90°
Iluminación 50 %

Luna gibosa
Relación Sol/Luna 115°
Iluminación 75 %

Luna llena
Relación Sol/Luna 180°
Iluminación 100 %

EL CICLO PERPETUO

El 8 es el número del infinito, de la perpetuidad de fases que se alternan. Por eso los ciclos solo podían estar relacionados con este número de poder: en astrología y astronomía (que hasta hace pocos siglos eran lo mismo), el ciclo lunar se divide en ocho fases.

Las cuatro fases principales que revela la cruz solar van acompañadas de cuatro fases intermedias, que permiten identificar mejor la calidad del tiempo. Como las fases intermedias son la segunda parte de cada fase principal, es donde mejor se expresa la calidad de cada una de estas. Cuando una fase se inicia, está desarrollando ya sus características; y, cuando pasa a la fase intermedia, estas características están en su máxima expresión.

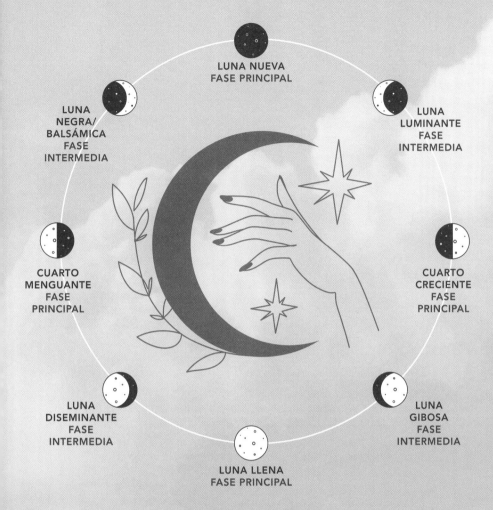

LUNA NUEVA
FASE PRINCIPAL

LUNA
LUMINANTE
FASE
INTERMEDIA

LUNA
NEGRA/
BALSÁMICA
FASE
INTERMEDIA

CUARTO
CRECIENTE
FASE
PRINCIPAL

CUARTO
MENGUANTE
FASE
PRINCIPAL

LUNA
DISEMINANTE
FASE
INTERMEDIA

LUNA
GIBOSA
FASE
INTERMEDIA

LUNA LLENA
FASE PRINCIPAL

Lunas blancas y negras

Cada una de las tendencias, creciente o menguante, llegan a su máxima expresión para luego generar una transformación que invierte la tendencia. En el ciclo lunar sucede dos veces por mes, en luna nueva y llena. Pero es en la fase previa donde se enfrenta esa sensación de crisis y cambio.

Antes de la luna llena, viene la fase gibosa, donde durante tres días todo está claro e intensificado. Esta es una **Luna blanca**, clara, totalmente visible. Se presiente que el crecimiento está llegando a su culminación. Esta fase representa un vientre listo a dar a luz, o una fruta perfectamente madura. A veces esta fase es vivida con celebración y alegría. Pero también es el momento donde algo está por transformarse y se siente mucha intensidad. Piensa en el parto, un momento sagrado, pero extremadamente intenso. En esta fase todo suele exagerarse y exacerbar. Nuestras emociones, pensamientos y molestias.

Fase lunar	Relación Sol/Luna	Iluminación lunar	Duración aproximada
Nueva	0°	0 %	3,75 días
Luminante	45°	25 %	3,75 días
Cuarto creciente	90°	50 %	3,75 días
Gibosa	135°	75 %	3,75 días
Llena	180°	100 %	3,75 días
Diseminante	135°	75 %	3,75 días
Cuarto menguante	90°	50 %	3,75 días
Balsámica/ negra	45°	25 %	3,75 días

Este es un momento de poder donde tienes mayor influencia en el mundo exterior. Tu energía es activa, expresiva, conquistadora, e influye más poderosamente en el mundo que te rodea. Tienes claridad para ver y potencia para llegar más lejos. Este momento te da el poder de la manifestación, pero requiere que entres en acción, confíes en tus capacidades y no derroches tu energía.

Antes de la luna nueva viene la fase llamada balsámica, por una alusión a la relajación del ciclo. Conocida como **Luna negra**, por la oscuridad de la noche. Aquí el ciclo debe terminar de procesarse por completo. Todas las experiencias han de ser digeridas por la consciencia. Es una fase donde las molestias físicas, las emociones y los pensamientos no atendidos suelen hacerse evidentes. Hay que darles conclusión. Lo que tratas de ignorar o evitar se acumula, y sale en Luna negra. Una crisis que suele sentirse justo donde más duele. Simplemente porque surge lo que no has enfrentado por miedo o incapacidad.

Tendencia	Momentos clave	Fase lunar
		Nueva
Creciente		Luminante
	Punto de equilibrio - Momento de reflexión	Cuarto creciente
	Luna blanca Momento de alta energía, claridad y avances	Gibosa
		Llena
		Diseminante
Menguante	Punto de equilibrio - Momento de reflexión	Cuarto menguante
	Luna negra Momento de baja energía, cierre de ciclo, introspección y purificación	Balsámica/ negra

Este es el segundo momento de poder, donde tienes mayor influencia en tu interior. Tu energía es pasiva, introspectiva, sanadora, purificadora y transformadora. Es cuando destilas las experiencias y te deshaces de los residuos innecesarios. Aquí decides qué interpretación le darás a cada experiencia. Cuánto vas a descender a mirar tus sombras. Cuán responsable estás dispuesto a ser de tu interior. El poder de la Luna negra es liberador y transformador, pero requiere valentía para enfrentar las sombras que surgen y presencia para sentir las emociones acumuladas y poder dejarlas ir.

Las cualidades de estos dos momentos de poder están presentes en toda la tendencia de crecimiento o relajación, en una medida mucho menor. Así como la tendencia menguante/creciente se amplía, la capacidad de manifestar justo antes de la luna llena, o de transformar antes de la fase nueva, se intensifica hasta culminar.

	Luna blanca	Luna negra
PODERES	• Asertividad • Objetividad • Manifestación • Claridad • Mayor influencia en el mundo exterior • Alta energía • Más productividad	• Regeneración • Purificación • Reprogramación de los patrones • Introspección • Mayor influencia en tu mundo interior • Mayor intuición • Más contacto con uno mismo
ACCIONES	• Llevar a cabo metas específicas para disfrutar del alto nivel de productividad • Realizar comunicaciones o publicaciones importantes • Analizar planes profesionales o prácticos con respecto a tus metas • Llevar a cabo acciones que requieren más fuerza o atención	• Entrar en sintonía con tu cuerpo y tus sensaciones • Terapias, autocuidado, masajes, etc. • Enfrentar lo que sientes para cerrar ciclos y poder seguir más ligero • Descansar, relajarte y recargar tu energía

Luna negra y Luna blanca

La **Luna negra** es la fase de cierre de un ciclo natural. En el ciclo sinódico (de una luna nueva a la siguiente), equivale a los tres días previos a la luna nueva. Esta es una fase introvertida, donde el subconsciente y el inconsciente se enfatizan. Se sienten las emociones y el cuerpo con más intensidad. Todas las experiencias pendientes a ser procesadas se hacen más obvias y perceptibles. Es en esta fase donde se nota el cansancio acumulado, las lágrimas no derramadas, las heridas pendientes de ser sanadas. Es una etapa de duelo donde hay que tomar la palabra en su doble sentido: «duelo» porque duele, y «duelo» por enfrentamiento. Esta fase, por oscura que sea, es sumamente sanadora y guarda el secreto de un futuro luminoso.

La **Luna blanca** es la fase de culminación de un ciclo natural. En el ciclo sinódico, equivale a los tres días previos a la luna llena. Esta fase se caracteriza por traer un enfoque objetivo y consciente. Es el momento más extrovertido y activo de un ciclo. Se suele sentir un pico de energía e impulso hacia un propósito. Es una fase ideal para tomar acción y enfocarse en todo aquello en lo que vale la pena invertir energía.

En esta fase conectas y fluyes hacia tus metas con más facilidad. Es una fase de consciencia clara, donde todo lo exterior es más evidente.

MEDIR EL CICLO

¿ Cuándo inicia tu día? ¿A medianoche como en el calendario? ¿A la hora del amanecer? ¿Cuando te levantas?

Cuándo se inicia un ciclo no es un tema tan simple como quisiéramos. Varias culturas antiguas colocaron el inicio del ciclo lunar, y del mes, justo un par de días después de la luna nueva astronómica. Para ser considerada nueva, la Luna debe ser visible en el cielo, lo cual tiene sentido. Todavía hoy en día las culturas que basan su calendario en las lunaciones suelen seguir este método. Aunque, para los antiguos egipcios y los astrónomos modernos, el ciclo lunar inicia en el momento exacto en el que se produce una alineación Luna-Sol; cuando se encuentran en el mismo grado del zodiaco, listos para una nueva danza. Para identificar ese instante se requiere un conocimiento de la eclíptica/zodiaco, la pista circular que revela la relación entre cuerpos celestes. Un reloj del cielo, extremadamente sofisticado, con manecillas para todas las horas, minutos y segundos de la existencia.

Técnicamente, el inicio del ciclo se da en la culminación de la oscuridad. Como el día que se inicia a medianoche y el ciclo lunar con la Luna totalmente negra. Esto indica que, cuando algo está germinando, lo hace de forma oculta.

Cuando todo está completamente oscuro, nueva luz está naciendo. Aunque no se pueda ver.

Existe también una división natural del ciclo, donde se consideran las fases visibles a ojo desnudo y se mide la cantidad de luz lunar.

Por ejemplo, la luna llena exacta es cuando el Sol y la Luna se encuentran en una oposición, a o 180°, y equivale a una inflexión donde el ciclo cambia su tendencia de creciente a menguante. La Luna en este momento llega al 100 % de iluminación y empezará a perder luz. Sin embargo, desde el punto de vista luminoso, la Luna varía entre el 90 % y el 100 % de iluminación durante tres días, desde un día y medio antes de la fase exacta hasta un día y medio después.

Lo que complica aún más la medición de las fases lunares es el hecho de que la Luna no siempre tiene la misma velocidad. Cuando se encuentra cerca de la Tierra (perigeo), cumple sus fases de forma más veloz, mientras que cuando está lejos (apogeo) es más lenta. El ciclo de alejamiento y acercamiento lunar (llamado anomalístico) se cumple cada 27,5 días, por lo que a lo largo del mes tendremos algunas fases más cortas y otras más largas. En media una fase dura 3,75 días, pero pueden ser de más de 4 días, mientras que otras solo duran 3 días. Nos extenderemos acerca de estos conceptos más adelante.

PARA EVITAR CONFUSIONES GUÍATE PRINCIPALMENTE POR LAS CUATRO FASES PRINCIPALES CONSIDERANDO QUE EL CICLO SE BASA EN LA FLUCTUACIÓN:

- Entre luna nueva y cuarto creciente se inicia el crecimiento.
- Entre cuarto creciente y luna llena el crecimiento llega al máximo.
- Entre luna llena y cuarto menguante se inicia la relajación.
- Entre cuarto menguante y luna nueva la relajación llega al máximo.

TEN EN CUENTA LOS CUATRO MOMENTOS PRINCIPALES DEL CICLO:

- Los días de luna nueva y llena anuncian un cambio de tendencia y piden una transformación. La intensidad de estas fases se siente durante los días precedentes.
- Los días de cuarto creciente y menguante dan una pausa de reflexión.

SINCRONIZAR
TUS ACTIVIDADES CON
EL CICLO LUNAR

La única forma de descubrir si el principio de fluctuación lunar puede darte grandes resultados es poniéndolo en práctica. No necesitas cambiar del todo tus rutinas, simplemente aplicarlo con consciencia. Si, por ejemplo, te encuentras frente a la opción de trabajar horas extras, puede ser muy positivo si te encuentras en la segunda semana del ciclo y nada positivo en la cuarta semana.

> Es ideal tomar vacaciones en la tercera o la cuarta semana del ciclo lunar y no tanto en la primera o la segunda.

También puedes ir mucho más allá, usando esta información para trabajar en proyectos específicos como lo hizo Douglas Rushkoff al escribir su libro. Ten en cuenta que el ciclo lunar no es el único ciclo mensual que marca un ascenso o descenso de tu energía o claridad. En los próximos capítulos te hablaré de otros ciclos que también influyen en la fluctuación de la energía y la claridad. Por lo tanto, será sumamente importante que aprendas a identificar tus niveles de energía y de claridad mental y respetar tus diferentes fases.

Para conocer el ciclo lunar en curso te dejo la lista de las fases lunares hasta el 2035 en la página 234.

También puedes obtener un calendario lunar gratuito del año en curso entrando a **www.lunalogia.com**.

El principio de fluctuación te enseña que:

- Todo fluctúa, sube y baja, y tiene momentos de cambio de tendencia: esos momentos son poderosos porque puedes aprovechar el cambio a tu favor.

- Saber fluctuar entre fases activas y fases pasivas es la clave del éxito.

- Tus capacidades varían como la luz lunar durante el ciclo.

- Las pausas, el relax y el descanso son ingredientes fundamentales para nutrir tu creatividad y tus metas.

- Por momentos eres más introspectivo y puedes aprovechar para trabajar tu interior y darte lo que necesitas. En otros momentos eres más extrovertido y lo podrás aprovechar para generar resultados.

- Los músculos crecen durante el descanso, de la misma forma que tus capacidades y talentos se fortalecen durante tus momentos de placer, disfrute y relax.

- Si te privas del descanso necesario se acumulará y tarde o temprano deberás recuperarlo.

- Tus capacidades, tu claridad, tus poderes no son los mismos todo el tiempo. Varían, fluctúan y llegan a su máximo esplendor en momentos específicos.

- La inconstancia es enriquecedora.

Cómo aprovechar el principio de fluctuación:

- Integra el ciclo lunar a tu vida y presta atención a cómo fluctúa tu energía.

- Usa la semana entre cuarto creciente y luna llena, con especial atención a los días de Luna blanca para:
  · Llevar a cabo metas específicas para disfrutar del alto nivel de productividad.
  · Realizar comunicaciones o publicaciones importantes.
  · Analizar planes profesionales o prácticos con respecto a tus metas.
  · Llevar a cabo acciones que requieren más fuerza o atención.

- Usa la semana entre cuarto menguante y luna nueva, con especial atención a los días de Luna negra para:
  · Entrar en sintonía con tu cuerpo y tus sensaciones.
  · Terapias, autocuidado, masajes, etc.
  · Enfrentar lo que sientes para cerrar ciclos y poder seguir más ligero.
  · Descansar, relajarte y recargar tu energía.

- Usa el cuarto creciente para:
  · Decidir dónde y cómo vas a canalizar el extra de energía disponible durante los próximos días.
  · Tomar una libreta y describir tus metas, elaborar un plan de acción.
  · Analizar cuáles son las actividades donde quieres lograr grandes resultados durante la semana siguiente.
  · Reflexionar acerca de cómo llevar a cabo cada acción y si hay algo en tu plan que ajustar o cambiar.

- Usa el cuarto menguante para:
  · Analizar si algo a nivel físico o emocional necesita gestión, cuidado, atención o purificación. Las dietas y desintoxicaciones son mucho más efectivas en la semana sucesiva, por lo que también puedes usar este momento para decidir cómo mejorar tus hábitos.
  · Tomar una libreta y describir tus emociones y sensaciones para generar claridad acerca de lo que necesitas internamente.
  · Planear espacios de relax y recarga de tu energía.
  · Reflexionar acerca de cómo te sientes emocional y físicamente. Pregúntate si hay algo que necesita ser resuelto. Si es necesario, agenda sesiones con terapeutas o profesionales de la salud que te asesoren.

El principio de
multiplicidad

El principio de multiplicidad enseña que la realidad se asemeja más a una paradoja que a una sola versión de los hechos. Comprender esto, usando un enfoque únicamente lógico, es desafiante. ¿Es el día luminoso u oscuro? Alterna entre la luz del mediodía y la oscuridad de medianoche. Todo es dual, y en su dualidad se hace múltiple. Una de las mejores formas de entender la multiplicidad es recordar un momento de tu vida donde tu mente te decía una cosa y tu corazón te gritaba otra. El ser humano es ambivalente por naturaleza. Comprender su verdad requiere aceptar el principio de multiplicidad. Abrazar las diferentes versiones, a veces opuestas, que conviven dentro de un individuo. El principio de multiplicidad es un principio de ambivalencia, que se presenta en diferentes planos.

Integrar el principio de multiplicidad te permite comprender los conflictos que suelen surgir a menudo en la vida. Aceptar tus diferentes versiones y entender que la ambivalencia no es amenazadora, sino que es fuente de múltiples capacidades, talentos y virtudes.

«Todo lo manifestado tiene dos aspectos, un par de opuestos, con innumerables grados entre ambos extremos».

Enric Corbera

La mente lógica tiende a rechazar las verdades contradictorias, y esto suele impedir la búsqueda de la verdad, que se asemeja más a un conjunto de verdades ambivalentes entre sí. Por ejemplo, cada elección es al mismo tiempo una renuncia. Para escoger una opción siempre renunciarás a otras opciones disponibles. Por ejemplo, cada comienzo es también un final. Cuando algo se inicia, por lógica, otra cosa debe haber terminado para dejar el espacio a un nuevo comienzo. Cuando analizamos la verdad desde el punto de vista amplio y analógico, vemos que toda verdad contiene a la verdad opuesta.

En este capítulo analizaremos el principio de multiplicidad desde dos diferentes manifestaciones.

La primera, la multiplicidad de ciclos a los que estás expuesto.

La segunda, la ambivalencia de la personalidad humana.

CICLOS COLECTIVOS
Y PERSONALES

Como vimos en el capítulo anterior, tu energía fluctúa como la Luna, a lo largo del ciclo sinódico. La Luna se llena para todos, cada mes, en el mismo momento. Y así llega una Luna negra a cerrar el ciclo colectivo. Pero existen otros ciclos que no son colectivos, sino personales. Y van a su ritmo. Por ejemplo, el retorno o revolución lunar, que promete hacer exactamente la misma fluctuación del ciclo sinódico, pero exclusivamente para ti. Esto conlleva que por ciertos momentos el ciclo sinódico (ciclo colectivo, de luna nueva a luna nueva), se encuentre en la semana de máxima energía para todos, pero tu ciclo personal se localice en tu semana de menos energía. Esto varía a lo largo del año, y, según en qué grado zodiacal se llene o se vacíe la Luna, tendrás periodos donde el ciclo colectivo lunar coincide con tu ciclo personal y otros donde tiene la influencia opuesta.

¿Qué es un retorno?

El retorno o revolución se cumple cuando la Luna o un planeta (en astrología llamamos de forma general «planetas» a todos los astros) regresa al mismo grado del zodiaco donde se encuentra en la carta natal. Se cumple un ciclo personal, que sigue la misma dinámica de todos los ciclos, con su tendencia creciente y menguante. El momento del retorno equivale a una luna nueva, y el periodo previo, a una Luna negra. Por lo tanto, vivimos toda una serie de «lunas negras» previas a los retornos de cada planeta. Y también toda una serie de altas de energía en las «lunas blancas» que estos ciclos proporcionan.

Uno de los retornos planetarios más conocidos es el cumpleaños, ya que es el día en el que el Sol regresa al mismo grado zodiacal en el que se encontraba cuando naciste. No se requieren cálculos astrológicos para saber cuándo sucede

la fase previa de cierre y descenso de energía. Basta calcular seis semanas antes de tu cumpleaños para saber cuándo es la fase de cierre de este ciclo, que yo llamo Sol negro en referencia a la Luna negra. Cada año, un mes y medio antes de tu cumpleaños tu consciencia inicia una fase de proceso profundo, destrucción de lo obsoleto, purificación y regeneración de tu identidad. Es un proceso inconsciente, aunque suele percibirse en parte desde la mente consciente. De la misma forma que la Luna negra colectiva, este periodo puede sentirse como confuso, sensible, vulnerable. Lo que se presenta como una extraña y molesta oscuridad es la gestación de un renacimiento, que llega para el día del cumpleaños, cuando un nuevo ciclo solar inicia para ti. También vale la pena considerar el «Sol blanco» o el periodo de máximo ascenso de la energía solar personal. Cuatro meses y medio después del día de tu cumpleaños tienes alta energía durante un mes y medio. Esta llega a su máximo cuando el Sol se encuentra en el grado opuesto exacto a tu sol natal, seis meses después de tu cumpleaños.

> **Esto abre el juego a múltiples ciclos que fluctúan, algunos personales, otros colectivos. Algunos que se potencian entre sí, otros que se anulan.**

Esta clave de la calidad del tiempo personal te permite entender por qué muchas veces te sientes de determinada manera. Por ejemplo, la crisis personal previa al cumpleaños es común. También lo es no sentirnos cómodos el día de nuestro cumpleaños, porque, aunque el Sol personal está en fase naciente, como sucede con la luna nueva, no tiene luz.

> **Cuando un ciclo termina puedes experimentar emociones como nostalgia, incertidumbre, tristeza y miedo al cambio. La sensación es que te robaron tu luz y tu esencia.**

La incapacidad de entender racionalmente lo que sucede complica el proceso: muchos tratan de ocultar o reprimir sus emociones, limitando así la capacidad de aprovechar el cierre para determinar un inicio próspero y evolutivo.

Los cierres de ciclo son momentos que vives en diferentes niveles, de forma constante. Por más que te sientas oscuro y cansado, es el momento para reinventarte, sofisticarte, aprovechar el aprendizaje para crecer, hacerte preguntas importantes, reevaluar tu postura ante la vida, etc. En una palabra, evolucionar.

Pero el cambio genera miedo, y, cuando esto se suma a la sensación de que te robaron tu luz y que algo muere dentro de ti, puedes caer en un bache emocional. Aunque es exactamente en ese pozo oscuro donde encontrarás la clave de un renacimiento y una mejora constante en tu vida. Es en la profundidad oscura de la tierra donde las semillas germinan y las raíces se nutren. Es ahí donde todo tiene sustento y sostén, donde todo nace. En la oscuridad de las lunas negras.

Los cierres de cada retorno poseen un ritmo específico. Una vez cumplido el plazo de tiempo, la energía cambia e inicia la fase luminosa. Independientemente de si usaste la poderosa fase de cierre a tu favor o no. Y aquí hay una clave sumamente importante. La fase de cierre ofrece posibilidades únicas de evolución y crecimiento, aunque se presentan en un momento delicado donde no hay mucha energía o claridad exterior. Los cierres de los retornos traen una especie de duelo, donde no solo se procesa el final del ciclo actual, sino todos los duelos pendientes que no se enfrentaron previamente. Como las personas no saben qué les sucede, suelen buscar un motivo para el pesar del momento. Y tratan de sobrellevarlo como pueden. No saben que se encuentran transitando una fase poderosísima: de revolución y transformación profunda. Es necesario que tengas muy en cuenta que, uses ya esta fase a tu favor o no, es igualmente compleja y molesta. La diferencia será lo que viene después. Porque es en esta fase donde puedes influenciar las siguientes de forma tremendamente positiva.

Una de las claves del principio de multiplicidad es que la luz personal brillará en función de cómo se enfrenta la sombra. Nuevamente tenemos un concepto ambivalente, que puede ser comprendido de forma lógica. En las lunas negras el individuo se encuentra más introspectivo y en contacto con las propias emociones. Surgen las heridas y los conflictos pendientes que buscan una conclusión. Aquello que no se ha podido sanar se muestra pidiendo ser sentido. Si la persona no es capaz de enfrentarlo y procesarlo, se guardará para después. La vida sigue, pero con más pesares, más sombras. Lágrimas no lloradas que limitarán las sonrisas. Dolores no sentidos que bloquearán la libre expresión del cuerpo. Pensamientos sombríos que desde el inconsciente jugarán en contra del enfoque positivo.

La única forma de que los pesos del alma fluyan y se vayan es darles espacio, escucha, presencia. Enfrentarlos en las lunas negras cuando son más perceptibles y un ciclo se está cerrando. Como nadie nos enseña esto, la gran mayoría de las personas suele pensar que cuando las cosas se ponen difíciles hay que apretar los dientes y seguir como uno puede. En la vida hay casos donde esta actitud es necesaria; no siempre tendremos la opción de parar y atender los procesos internos. Pero, en general, hacerlo es siempre la mejor opción.

> Cuando no procesas un duelo, sea por la muerte de alguien, sea por el final de una relación, todo el dolor te acompañará, oculto dentro de ti, hasta que decidas sentirlo y aceptarlo.

¿Te imaginas el precio que pagas por no sentir algo que te da tristeza? Esa tristeza que evitas se queda en tu interior, y formará parte de ti hasta que decidas dejarla salir. Y para dejarla salir deberás sentirla. El ser humano tiene tanto miedo a sentir emociones difíciles que termina acumulando justamente esas emociones que evita. Nuevamente una clave del principio de multiplicidad: nos volvemos aquello que evitamos. Y aquello que evitamos surge en los cierres de ciclo.

La mejor forma de entender un retorno es imaginar un reloj analógico donde las manecillas se pararon a una hora específica: la hora de tu nacimiento. Este reloj tiene manecillas para la Luna, el Sol y los planetas. Pero hay otro reloj que nunca para ni parará: el reloj del cielo que sigue en movimiento.

El reloj con las manecillas quietas es tu carta natal, y cuando la manecilla de la Luna en movimiento llega a la misma hora (signo y grado) de donde está la Luna en tu carta natal, inicia un nuevo ciclo lunar personal. Lo mismo sucede para todos los planetas. Algunos, como el Sol, cumplen un ciclo cada año. Otros pueden tardar 29 años, como Saturno, o 84 años en el caso de Urano. Cada uno de estos planetas nos hace un retorno, marcando fases, cada una con sus cualidades específicas.

TU CICLO LUNAR PERSONAL: EL RETORNO LUNAR

Tu retorno o revolución lunar sucede cada 27,3 días, cuando la Luna regresa al mismo signo y grado donde se encontraba cuando naciste. Inicia un nuevo ciclo que equivale a tu luna nueva personal. Ten en cuenta que todos los ciclos tienen la misma estructura y dinámica de fases, por lo que cada semana estarás cumpliendo una de las fases principales de crecimiento o relajación. De ir hacia fuera y hacia dentro, como si fueras una ola del mar que se extiende en la arena, para luego recogerse y regresar a la fuente. Expansión y contracción. A lo largo de los años he observado que las personas suelen sentir fuertemente la Luna negra previa al retorno lunar. Los tres días previos al momento específico al retorno lunar se viven exactamente como la Luna negra colectiva, previa a la luna nueva. Pero no es un evento general, donde todos suelen estar cansados o tristes. Es solo uno, que carga con esas sombras, y, en la mayor parte de los casos, no sabe por qué ni qué hacer con ello.

La fuerza con la que se siente esta fase dependerá de dos factores principales: el estado emocional y físico y los demás ciclos activos. Veámoslo en detalle.

El estado emocional y físico

Durante el periodo previo al retorno lunar, o «Luna negra personal», la influencia es la misma que durante la fase previa a la luna nueva; se siente claramente lo que está pendiente de procesarse: cansancio, tristeza, frustración, miedos. Lo

que surge es propio, la fase permite que sea perceptible. Esto sucede simplemente porque lo que fluctúa es la consciencia, desde la mente consciente a la mente subconsciente, y en Luna negra lo que solemos ignorar aparece. Cuantos más pesares se cargan, peor se sentirán las lunas negras.

> Claramente existirán periodos donde hay mucho que procesar y otros con muy poco, dependiendo de la experiencia del individuo.

Multiplicidad de los ciclos

Si, por ejemplo, el retorno lunar sucede durante los días previos o el mismo día que la luna llena, vives una fase extrovertida, una Luna blanca, a nivel colectivo; mientras que a nivel personal experimentas una Luna negra. Las dos fases opuestas se equilibran entre sí. Y en este caso ninguna de ellas se sentirá con fuerza.

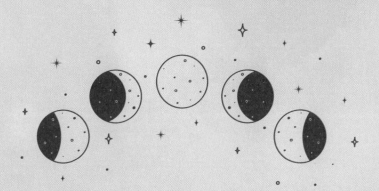

Si, en cambio, el retorno lunar coincide con la luna nueva (en otras palabras, si la luna nueva se da en grados cercanos a los de tu luna natal), la Luna negra personal coincidirá con la Luna negra colectiva, intensificando al máximo su efecto. Como solemos tener una luna nueva en cada signo del zodiaco durante el año, existen meses del año donde eres más sensible a las lunaciones colectivas y personales y periodos donde estas anulan sus influencias entre sí y no tendrán tanto efecto en ti.

> **El ciclo sinódico es colectivo y rige temas exteriores, sociales, mundanos. El ciclo del retorno lunar es personal, rige temas más íntimos que se desarrollan en tu interior.**

Es natural que ambos ciclos se influyan mutuamente. Pero cada uno tiene su aplicación en sus ámbitos específicos. Por ejemplo, para temas de inversiones financieras es mejor usar las dos primeras semanas del ciclo sinódico, ya que la economía depende de un ritmo colectivo. Mientras que para temas de hábitos, salud y emocionales es ideal usar la última semana del retorno lunar.

Cómo calcular tu retorno lunar

Para obtener una lista de tus retornos lunares de cada año puedes entrar a https://es.astro-seek.com/retornos-planetarios-revoluciones-planetarias-calculadora.

Coloca tus datos de nacimiento y elige la Luna como planeta del retorno y el año que deseas analizar. Tendrás la lista del todos los retornos lunares del año. Considera una Luna negra en los 3 días previos al retorno lunar y una Luna blanca 11 días después de cada retorno.

Feliz cumpleaños y feliz retorno solar

Durante el retorno o revolución solar, el Sol regresa a un lugar muy especial para ti: el punto del cielo que ocupaba cuando respiraste por primera vez en esta Tierra. Hay una mínima variación de horas y en algunos casos el retorno solar sucederá el día previo al de tu cumpleaños. El Sol marca un comienzo de ciclo, y representa un nuevo Sol que nace solo para ti. Como sabemos, antes de un nacimiento simbólico ocurre una muerte simbólica. Si la Luna representa tus emociones, necesidades, sensaciones y vínculos, el Sol simboliza tu consciencia y tu forma de pensar, de expresarte. Por lo tanto, es la mente la que entra en una etapa de Luna negra, aunque en este caso se trate de un Sol negro. En los 45 días antes de tu cumpleaños se inicia una etapa de cierre, que suele intensificarse a medida que pasan los días. Se gesta un nuevo paradigma personal, una forma diferente de ver la vida, pero lo que se siente es falta de claridad, y una fuerte introspección. Surge una sensación de estar estancados y se suele entrar en profundas reflexiones. Tristeza, sensación de impotencia, falta de motivación también pueden surgir.

> **Durante el cumpleaños cambias de fase, y puedes aprovechar un nuevo ciclo.**

Cuatro meses y medio después del cumpleaños llega un periodo de alta energía mental que dura un mes y medio. Culmina seis meses después del cumpleaños, en el momento en el que el Sol se encuentra exactamente en el grado opuesto del zodiaco al grado de nacimiento. Algunos astrólogos llaman a este momento el «anticumpleaños», y representa una nueva fase dentro del año de vida. El momento del anticumpleaños representa una luna llena, y es un día de mucha energía que puede generar una pequeña crisis idéntica a la que solemos vivir en luna llena donde todo está intensificado. Es el cambio de tendencia que pide transformación presente en todos los ciclos.

Podemos individuar muchos más retornos planetarios, cada uno cumpliendo un ciclo en un ámbito específico de la vida, con su tiempo y ritmo.

El más conocido es el retorno de Saturno, porque suele generar una crisis alrededor de los 29 años de vida con respecto a las propias responsabilidades y la capacidad de ser autosuficientes. Como se trata de un planeta lento, esta crisis suele durar algunos meses. Cuando finalmente pasa, deja al individuo mucho más estable y capaz de hacer frente a la vida. Por más que Saturno hace su retorno cada casi 30 años, cada aproximadamente 7 años realiza contactos tensos (conocidos como cuadraturas y oposiciones en astrología), que representan un momento de estrés, presión y fuertes responsabilidades, aunque ciertos individuos lo viven simplemente como una reducción de su energía. El tipo de crisis que enfrentamos al casarnos, tener hijos, comprarnos una casa, terminar una carrera, etc., es la vida pidiendo más capacidad y solidez para responder ante ella. Este tipo de crisis es natural; a veces se nos puede olvidar que estamos construyendo algo nuevo y eso pide sostener lo que antes no éramos capaces de sostener. La crisis suele pasar dejándonos más fuertes, aunque durante el periodo que se enfrenta se suele sentir tensión, estrés, cansancio y poca alegría.

¿Es la Luna aquel disco plateado y luminoso o es una sutil y fina curva sinuosa? ¿Es negra y misteriosa o clara y reveladora? ¿Es un crecer fértil y voluptuoso o una relajante renuncia a mostrarse?
¿Es blanca o es negra?
No crece sin pausa, no ilumina sin oscurecerse, no llega a la cima sin caer en los abismos. La Luna, como tú, no es una, son múltiples.

LA MULTIPLICIDAD
DEL SER

La mayor parte de los seres humanos cree que es introvertido o extrovertido, serio o divertido, libre o conservador. En realidad, todos somos una mezcla de opuestos en la búsqueda de equilibrio. Aceptar que uno es ambivalente resulta desafiante, especialmente cuando se encuentra en búsqueda de su identidad. Si exploramos el principio de multiplicidad, nos damos cuenta de que ser de formas opuestas no solo es necesario para la vida, también proporciona capacidades diversas que nos enriquecen como seres humanos. Si no soy capaz de ser introvertido, tengo un límite para gestionar mis procesos internos. Y, si no soy capaz de ser extrovertido, tengo un límite para gestionar mis relaciones. Necesito de ambas aptitudes. Quizá el obstáculo mayor del ser humano es que se conoce poco a sí mismo. Sin conocerse no sabe qué necesita, qué desea, qué es capaz de hacer, hacia dónde anhela ir, etc. La falta de conocimiento genera inseguridad y sufrimiento, ya que, como uno no sabe qué quiere y qué necesita, difícilmente se encuentra cómodo y donde realmente quisiera estar. Y como conocerse requiere experiencia, tiempo y soledad, y la presión de ser aceptado es alta, es sumamente tentador elegir etiquetas que lo definan y le den una identidad, aunque sea superficial. Por lo tanto, las personas se colocan etiquetas y dicen «yo soy esto, así que no puedo ser aquello». Pero la vida nos irá mostrando que para mantener cualquier característica necesitamos la opuesta. Por ejemplo: si soy una persona muy sensible, empática y vulnerable, y no sé ser pragmática y dura cuando se requiere, no sabré poner límites. Mi exceso de sensibilidad hará que me sienta herida una y otra vez, y eso me hará dura y pragmática con el tiempo. Solo siendo capaz de ser dura y pragmática cuando es necesario puedo sostener una alta sensibilidad.

Lamentablemente, no permitir la ambivalencia de la propia personalidad suele complicar mucho el proceso de aprovechar todo lo que el principio de multiplicidad tiene para ofrecernos.

En un análisis de la carta natal se vuelve evidente cómo cada persona posee características muy distintas entre sí. Por ejemplo, una persona puede necesitar mucha estabilidad y estructura. Pero, al mismo tiempo, desear ser muy libre y tener constantemente nuevas experiencias. O tal vez emocionalmente sea profunda y transformadora, mientras que mentalmente se aferre a una vida estable y práctica donde todo está bajo control. Esto desata conflictos interiores que suelen reflejarse en el exterior, ya que solemos externalizar aquello que no podemos ver o procesar internamente. Descubrir estos conflictos y encontrar un equilibrio entre áreas diferentes de la personalidad puede llevar muchos años. En cambio, si se acepta que uno puede ser múltiple, el conflicto se vuelve un poder. La capacidad de ser los dos polos según lo que requiera la vida, y lo mejor de todo: generar un equilibrio entre ambos. Usemos el ejemplo previo para entenderlo mejor. Si soy una persona que necesita mucha estabilidad y estructura, pero al mismo tiempo deseo mucha libertad, esta diversidad se compensa a sí misma: para poder tener lo que deseo (libertad) me puedo apoyar en lo que necesito

(estabilidad). Si tengo una vida estable puedo permitirme ser libre, sin que mi libertad amenace mi estabilidad, y viceversa.

Cuando tenemos planetas que hacen un contacto tenso en la carta natal (conocidos como cuadraturas y oposiciones), características del individuo entran en conflicto por ser muy diferentes entre sí. Por ejemplo, una persona que nace durante la luna llena tendrá el Sol (mente, consciencia) y la Luna (emoción) en dos signos opuestos. Pensará y sentirá de formas completamente distintas, y esto se suele considerar como amenazador. La sensación que genera la multiplicidad interior suele ser de lucha o conflicto. La emoción quiere ir en una dirección, la razón en otra. Mientras que, si tomamos en cuenta el principio de multiplicidad, entendemos lo enriquecedor que esto puede ser, ya que permite capacidades muy diversas. Es exactamente como tener a dos jugadores en dos puntos opuestos del campo: permite liderar el juego.

Una de las formas más simples de entender la multidimensionalidad de la consciencia humana es comprender nuestros diferentes niveles de experiencia. El ser humano experimenta la realidad desde distintos grados de consciencia, de forma simultánea. A estos niveles se los conoce como «elementos» y son una forma ideal de comprender mejor las dinámicas interiores y exteriores.

La teoría filosófica de los cuatro elementos como principios constitutivos de todo lo que existe fue propuesta por Empédocles de Agrigento hace más de 2.000 años. Desde entonces esta teoría se ha usado para interpretar la realidad, ya que es una forma ideal de entender y clasificar la experiencia humana.

> Los elementos son una herramienta que te ayuda a ordenar tu percepción y comprender las dinámicas profundas de la existencia.

Posees un universo entero dentro de ti, tan amplio y en constante desarrollo que es complejo abarcar con claridad todo lo que eres. Confundir sentimientos con impulsos, deseos con necesidades, pensamientos con creencias es común. Y el desafío mayor es que cada nivel de experiencia tiene sus propias leyes, su propia lógica intrínseca. Su área consciente e inconsciente. Por lo tanto, algo que es cierto para la emoción puede no serlo para la mente, y viceversa. Tu naturaleza es ambivalente y multidimensional y en cada nivel posees facetas diferentes de la expresión de tu esencia. Esto puede generar conflicto, y para encontrar paz y equilibrio entre las diferentes expresiones de ti puedes siempre acceder a tu consciencia. Al principio parece complejo diferenciarla de tus pensamientos y otras áreas de ti. Pero ordenaremos los los diferentes niveles de percepción para que sea simple individualizarla y conocerte más a fondo.

EL TEMPLO DE LA PERCEPCIÓN

«Desconectados
mi mente, mi cuerpo y yo
vivimos juntos en el mismo lugar,
pero parece que somos tres personas completamente diferentes».

Rupi Kaur

El ser humano vive fragmentado. Entre mente y corazón, entre lo consciente y lo inconsciente, entre sus necesidades interiores y las expectativas exteriores. Entre luces y sombras.

Como no puede dejar de ser todo aquello, oscila, en una lucha de poder interior, que drena la energía. Cambia como la Luna, rebotando entre el esfuerzo y el cansancio. Entre la esperanza y la decepción. Entre acercarse a sí mismo y huir de sí.

¿Cómo saber dónde estás y hacia dónde vas si no te conoces lo suficiente?

¿Cómo aceptar las partes negadas de ti?

Para comprender las diferentes áreas de ti te propongo un juego, un pequeño ejercicio de visualización e imaginación, que te llevará a recorrer tus diferentes niveles de experiencia.

¿Te animas?

Empecemos.

- **Cierra los ojos por unos segundos.**
- **Toma tres respiraciones profundas.**
- **Conecta con tu imaginación.**
- **Vuelve a esta línea.**

¡Bien!

Piensa que estás dentro de un sueño y visualiza un templo enfrente de ti.

Tiene cuatro pisos y está finamente decorado. Puedes ver los ventanales y los balcones que dejan filtrar la brisa y la luz dentro de la estructura. Es un lugar soñado, su apariencia sofisticada deja intuir que por dentro es aún más hermoso. El amplio portón de entrada está cerrado, pero hay unas escaleras externas que parecen conducir a la terraza superior.

Acércate a la escalera y sube escalón por escalón.

Cuando llegas a la terraza descubres un espacio amplio con un piso de piedra pulida. Todo a tu alrededor parece haber sido construido y decorado por los mismos dioses. Tómate unos segundos para visualizarlo.

En la terraza se encuentra una puerta labrada con muchos símbolos y detalles. Cuando te acercas se abre ante ti, señal de que te estaban esperando.

4.º nivel

Atraviesas la puerta y escuchas susurros desde diferentes direcciones. Afinas el oído para entender qué dicen. Parecen voces del pasado y del futuro. Repiten frases que te son familiares. Hasta que te percatas de que las conoces: son las voces de tu mente.

En este nivel del templo se encuentra tu mente lógica y consciente. La que está leyendo estas palabras en este preciso instante. Aquí experimentas un flujo constante de información. Asunciones, creencias, juicios, monólogos, recriminaciones, discursos, hipótesis. Tu mente suele ser un espacio hiperestimulado y algo caótico.

Si miras a tu alrededor verás que el espacio es genial, amplio, parece no tener límites. Solo necesita orden. Está lleno de cosas inútiles que no tienen por qué estar ahí.

Por más que este templo donde te encuentras es enorme, mucha gente suele vivir gran parte de su existencia en el cuarto nivel y nunca bajar a los pisos inferiores. Experimentan la vida desde este nivel, porque aquí se sienten seguros. Los pensamientos les dan seguridad y prefieren quedarse aquí.

Este nivel de experiencia se conoce como **elemento aire**, un nivel de percepción mental. Altamente poderoso y regularmente desaprovechado por la saturación, falta de enfoque y dirección.

Te invito a dirigirte a la escalera de caracol que lleva al piso inferior. Sobre la puerta de salida ves una frase escrita: «Libre como el aire».

Baja con confianza, vamos a ver qué hay en el 3.º nivel del templo.

3.er nivel

Este piso se ve completamente diferente: tiene colores cálidos y se respira frescura y espontaneidad. Suena una canción que te gusta mucho y hasta te dan ganas de ponerte a bailar. Aquí están todas las cosas que te gusta hacer. Miras el espacio amplio enfrente de ti y ves tus pasiones, las ganas de expresarte y crear experiencias. En el centro, un gran fuego prendido. Es el fuego de la pasión por la vida, por conquistar tus sueños y hacer nuevas experiencias. Ese fuego se alimenta de tu espontaneidad, tu confianza y libertad. De la conexión contigo y tu sentido de propósito y dirección. A veces puede parecer que se apaga, pero es un fuego mágico. No se puede extinguir. Miras al piso y ves que alrededor del fuego hay un escrito diseñado hermosamente con lo que parecen ser piedras preciosas. Caminas alrededor del fuego para poder leer toda la frase. Dice: «Nunca te apagues». Cuando no crees en ti, cuando te falta confianza, libertad o espontaneidad, la llama se hace pequeña y se esconde por dentro del templo. Para volver a crecer y expandirse solo has de recordar que tienes mucho para dar y descubrir. Sueños por conquistar, lugares por conocer y abrazos que dar.

Este nivel es conocido como **elemento fuego**. Una dimensión de movimiento, actividad, acción y experiencia del «yo».

Por favor, acompáñame ahora al piso inferior.

Vamos a conocer el siguiente nivel de percepción.

2.º nivel

En cuanto ingresas en este espacio te invade una mezcla de aromas, emociones y sentimientos. Aquí reina algo profundo y misterioso. Estados del ser fluyen por el espacio, cambiando el color de las paredes de forma inesperada y repentina. Hay emociones felices, otras tristes y presientes que hay muchas más, guardadas en los armarios que llenan la sala. ¿Qué habrá detrás de las puertas a otras habitaciones? Parece un espacio lleno de emociones por sentir.

Este es el nivel de experiencia emocional y desafía a la mayor parte de las personas. Especialmente a aquellas que se pasan la vida en la terraza del cuarto piso: aquí nada tiene sentido desde la lógica de la razón. En el nivel emocional reina la lógica del corazón y todo tiene su propia razón de ser.

Cierra los ojos por un momento. Descubrirás que no necesitas ver para saber. En el nivel de experiencia emocional sabes las cosas porque las sientes. Se escucha el agua correr y te das cuenta de que hay una hermosa fuente al lado de la puerta principal. Tiene flores de loto flotando y en la cima una pequeña escrita que dice así: «Tu sensibilidad es un superpoder».

Este plano se identifica con el **elemento agua**. Fluye, cambia, y a veces se presenta de forma inesperada, como una tormenta. Otras, de manera completamente anacrónica, y trae emociones que pertenecen a otro tiempo en el que no se sintieron.

Es un área hermosa pero de alto mantenimiento: necesita gestión.

Bajemos al nivel inferior.

1.ᵉʳ nivel

Entrando al primer piso la sensación se hace corporal. De repente, estás más en tu cuerpo y en contacto con todos tus sentidos. Las paredes son de piedra y el suelo de un luminoso mármol. Todo se ve muy estable y sólido aunque está decorado de forma sencilla.

En este nivel te sientes presente y en sintonía con tu instinto natural. No hay muchas palabras que decir aquí. Lo que importa es estar presente. En este piso todo parece más lento. Aquí reina el cuerpo físico, los sabores, las sensaciones. Pero, si te fijas, hay una zona de este piso que no se ve tan bien. Ahí están las necesidades no atendidas, como el cansancio y los dolores físicos. Están las reacciones instintivas, los miedos y el enojo reprimido. Toda una zona impulsiva, totalmente incomprendida del ser humano, que se acumula en una esquina.

Esta es un área parcialmente consciente de ti. Puedes expandir esa consciencia mientras conectas con las sensaciones de tu cuerpo. Es como si diferentes habitaciones de este nivel se fueran desbloqueando, a medida que te haces consciente de ellas.

A este nivel de experiencia se lo conoce como **elemento tierra**.

Representa tu cuerpo físico, tus sensaciones y tu instinto.

Salgamos del templo, quiero mostrarte algo. Pero antes recuerda mirar el cuadro con el hermoso paisaje que adorna la pared a un lado de la puerta. Tiene un pequeño escrito dorado en la parte inferior: «Fuerte y naturalmente abundante, como la tierra».

El exterior del templo

Es un hermoso día soleado y corre una brisa agradable.
Observa las formas y las dimensiones del templo.
Desde aquí todo se ve claro y más objetivo.
Este espacio exterior es tu consciencia.
Es lo que algunos autores llaman «el observador».
Podemos asociarlo a un quinto elemento, el **éter**.

Mientras lees estas palabras, algo llama tu atención y te devuelve al templo.
Del cielo, planeando por el aire, viene bajando lo que parece un pergamino enrollado.
Desciende hacia ti y estiras tu mano para tomarlo.
Tiene tu nombre.
Lo abres y lees:

«El templo es tuyo. Cuida de él».

Consciencia

	TIERRA	AGUA	FUEGO	AIRE
	Cuerpo	Emoción	Movimiento	Mente
Representa	Instinto, sensaciones, impulsos, sentidos.	Sensibilidad, creatividad, receptividad, intuición.	Expresión del yo, confianza, exploración, expansión personal.	Pensamiento, aprendizaje, comunicación, análisis cognitivo.
		CONSCIENCIA		

Las culturas antiguas explicaron la amplia gama de experiencias humanas dividiéndola en cuatro elementos simbólicos. Puedes encontrar las similitudes entre el elemento físico y el nivel de experiencia. Por ejemplo, la tierra es un elemento sólido y concreto como tu cuerpo físico. El fuego parece estar vivo, se mueve y, si puede, se expande, como tu capacidad de acción y tus ganas de conquista. El aire es un elemento incorpóreo y fluido como tus pensamientos; a veces estático, otras como un fuerte viento. El agua tiene afinidad con la Luna, que la agita y la relaja a su ritmo. Cambia de forma y debe fluir para permanecer pura, igual que tus emociones.

Reconoce y conecta con tus elementos.

TIERRA

La tierra representa tus impulsos primordiales y tus necesidades básicas como comer, dormir, hacer el amor y cuidar el cuerpo. Cuidar el territorio (la propia casa) y asegurarte de que no te falte alimento y sustento (dinero y trabajo) son también expresiones de tu elemento tierra.

Cómo conectar con tu elemento tierra

Conectar con tu cuerpo te permite estar más presente y tener estabilidad. Al comienzo puedes sentir fuertes sensaciones, ya que si estuviste desconectado de tu cuerpo hay cosas pendientes por sentir. No temas tus propias sensaciones y considera que lo que sientes es el cuerpo comunicando en su propio lenguaje. Si lo escuchas lo suficiente aprenderás este lenguaje y te sorprenderás de todo lo que el cuerpo sabe y puede contarte.

Ejercicio para reconectar con el cuerpo y aprender su lenguaje

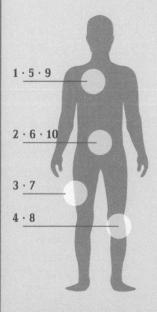

1 · 5 · 9

2 · 6 · 10

3 · 7

4 · 8

1 Recuéstate en una posición cómoda y respira profundamente por un minuto.

2 Mueve suavemente cada parte de tu cuerpo desde el cuello hacia los pies, observando donde hay tensión o cansancio.

3 Toma una inhalación profunda y lleva la atención a la planta de tu pie izquierdo. Permanece con la atención en la planta del pie durante unos segundos.

4 Toma otra inhalación profunda y lleva la atención a la planta de tu pie derecho. Permanece con la atención en la planta del pie durante unos segundos.

5 Con la próxima inhalación lleva la atención a la palma de tu mano izquierda. Enfoca la atención en ella unos segundos.

6 Inhala y lleva la atención a la palma de tu mano derecha.

7 Escanea todo tu cuerpo buscando sensaciones como hormigueo, calor, frío, tensiones, etc.

8 Conecta con cada una de las sensaciones como queriendo amplificar lo que sientes.

9 No hagas caso a los pensamientos que intentan explicar lo que sientes o distraerte. Simplemente déjalos fluir sin darles importancia y reenfócate en las sensaciones de tu cuerpo.

10 Coloca ambas manos en el centro de tu pecho y respira durante tres minutos llevando toda tu atención a tu corazón.

AGUA

Representa tus emociones, sensibilidad y empatía. Puedes expresarla a través del arte o de tus vínculos afectivos. Es también tu dimensión más intuitiva que siente el entorno como propio.

Cómo conectar con tu elemento agua

Conectar con tus emociones te permite drenar todo aquello que puede estar pesándote por dentro. En general las personas suelen tener miedo de sentir lo que llevan en su interior, porque se sienten amenazadas por sus propios sentimientos. Pero, en realidad, es más amenazante llevar emociones estancadas contigo. Te propongo un ejercicio para dejar ir las emociones que no pudiste procesar y liberarte. Ten en cuenta que pueden surgir reacciones como llanto o sensaciones corporales como náusea, etc. Es el cuerpo haciendo su trabajo, y estas reacciones no suelen permanecer más que algunos minutos. Cuanto mayor sea la reacción, más emociones estancadas estarás liberando.

Ejercicio para reconectar con el agua y liberar tus emociones estancadas

Necesitas: un lugar cómodo y tranquilo donde te puedas relajar y 30 minutos de tiempo a solas.

Recuéstate y relájate durante unos 3 minutos llevando la atención a tu respiración. Coloca las palmas de tus manos en contacto con tu vientre y enfócate en esa área de tu cuerpo. Con cada inhalación explora tu interior en búsqueda de emociones o sensaciones. Con cada exhalación visualiza que las emociones fluyen junto con el aire por tu nariz, hacia fuera. Trata de sentir más y más cada una de las emociones que vas encontrando. Tu mente querrá intervenir; cada vez que lo haga, devuelve la atención a tu vientre y a la respiración. Cuanto más desagradable sea la emoción con la que logras conectar, mayor será el alivio y la liberación que sentirás después.

Se requiere un poco de práctica para conectar con las emociones reprimidas y mucho valor para sentirlas. Pero este simple ejercicio es muy útil para liberarte de emociones que no pudiste procesar y pueden estar bloqueándote o causándote malestar.

FUEGO

Representa tu impuso de desarrollarte y expresarte como individuo, conocer el mundo y hacer experiencia. Es la parte de ti que te pone en el centro del mundo y te hace sentir valioso, confiado, importante.

Cómo conectar con tu elemento fuego

Como este es el elemento de la expresión única, cada persona conecta con él de una forma particular. El fuego es el elemento del movimiento. Entras en contacto con él cuando estás en acción y toda tu atención está completamente absorta en lo que haces. Salir a correr, bailar con los ojos cerrados, pintar un cuadro, cantar... son actividades que hacemos cuando sentimos pasión por algo que nos transporta a una dimensión donde somos movimiento puro.

Es completamente liberador conectar con este elemento y cada uno lo hace de la forma en que se siente atraído.

Para prender tu fuego simplemente haz algo que te apasione y que requiera que estés en movimiento.

Es ideal para aumentar la motivación, la confianza y la expresión personal.

AIRE

Representa tus pensamientos, tus razonamientos, tu capacidad de análisis y comunicación. Este es el elemento más fácil de reconocer, porque es el más usado en nuestro modelo cultural.

Cómo conectar con tu elemento aire

Casi todas las personas están constantemente en contacto con este elemento, hasta el punto en que se identifican principalmente con sus pensamientos. Por ello la mente suele ser un espacio ultra saturado y poco claro. Retomar el control de la mente es fundamental para dirigirla y evitar que sea ella la que lleve el control.

Para ello te propongo dos ejercicios:

1. Durante 4 minutos al día practica el ejercicio del cuadrado como se explica en el esquema. Contar los segundos de inhalación, exhalación y pausas permite mantener ocupado el hemisferio izquierdo del cerebro. Lleva tu atención a las sensaciones que genera el aire entrando y saliendo de ti para mantener ocupado el hemisferio derecho del cerebro. Esto genera silencio y calma mental.

1
Inhala durante 4 segundos
mientras cuentas en tu mente de 1 a 4.

INHALACIÓN

4
Mantente
sin aire
mientras
cuentas
en tu
mente de
1 a 4.

PAUSA

2
Mantén
el aire
dentro de ti
mientras
cuentas
en tu
mente
de 1 a 4.

PAUSA

EXHALACIÓN

3
Exhala durante 4 segundos
mientras cuentas en tu mente de 1 a 4.

2. Mientras realizas cualquier ocupación cotidiana, presta atención a tus pensamientos. Escúchalos como si fueran una estación de radio o un pódcast, tratando de mantener una escucha objetiva, o sea, separada de tus mismos pensamientos. Esto te permite generar consciencia acerca de cuántos pensamientos inútiles o no alineados con tus valores tienes. Si realizas este ejercicio a menudo, serás cada día más capaz de elegir tus pensamientos.

«No eres los pensamientos, eres el espacio desde el cual surgen los pensamientos. ¿Y qué es ese espacio? Es la consciencia misma. La consciencia que no tiene forma. Todo lo demás en la vida tiene forma. En esencia somos esa consciencia sin forma que está detrás de los pensamientos».

Eckhart Tolle

ORDENA LA EXPERIENCIA

Los elementos, como expresiones de la naturaleza y niveles de experiencia del ser humano, poseen un orden de densidad, donde lo sutil debe apoyarse en lo más sólido. Aire y fuego (mente y acción) son dos elementos activos, más sutiles, que se asocian con el espíritu o el Sol. Agua y tierra (emoción y sensaciones) son dos elementos pasivos, con más densidad, que se asocian con el alma o la Luna. Los dos primeros, aire y fuego, representan nuestro estado más consciente, mientras que agua y tierra son el inconsciente. Aunque la misma multiplicidad nos indica que encontraremos áreas inconscientes de la consciencia y áreas conscientes en el inconsciente. En general, por ejemplo en astrología, se considera que los elementos pasivos se asocian bien entre ellos y a la vez los activos hacen lo mismo entre sí. No obstante, existe una interinfluencia especial del aire con el agua y del fuego con la tierra.

(Las emociones y los pensamientos necesitan colaborar,
de la misma forma que las acciones lo hacen con el cuerpo.)

Las emociones no se procesan siendo pensadas; sin embargo, pueden sentirse en el cuerpo y analizarse desde la mente, para poder gestionarse. La aceptación de una emoción suele ayudar mucho a procesarla y permitir que se genere tranquilidad y paz. Además, solemos juzgar o bloquear las emociones desde la mente, y desde aquí también podemos decidir permitirlas de una forma saludable.

De la misma forma, las necesidades del cuerpo pueden solo satisfacerse to-mando acción.

Es a través del fuego de la movilidad como mejoramos nuestros hábitos físicos, y desde la motivación y acción como abastecemos todas nuestras necesidades básicas.

La única forma de practicar el equilibrio es alinear nuestra forma de estar (tierra) con nuestras emociones (agua), con nuestras acciones (fuego) y con nuestros pensamientos (aire). Aun así, recuerda que el equilibrio no es estático, sino dinámico, una búsqueda constante.

(Cuando te encuentres en conflicto entre emociones, pensamientos o acciones simplemente toma una hoja de papel y divídela en cuatro partes.)

En cada una de estas partes describe qué acontece en cada nivel de experiencia. Esto te permitirá comprender y aceptar la multiplicidad de tu ser, generar consciencia y claridad.

PIENSO QUE...	HAGO...
DESCRIBE TUS PENSAMIENTOS.	DESCRIBE TUS ACCIONES.
SIENTO QUE...	ESTOY...
DESCRIBE TUS EMOCIONES.	DESCRIBE TU ESTADO FÍSICO.

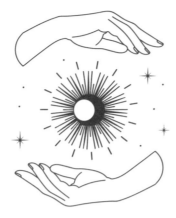

Tu Luna y tu Sol

Esta realidad es dual y vives entre dos mundos. La luz del día y la oscuridad de la noche, la claridad de tu consciencia y la sombra de tu inconsciente. Tus sueños y tu vida cotidiana. Vas caminando poniendo un pie en cada uno de ellos, siguiendo un ritmo, como bailando, siendo ambos en cada momento. La Luna es la reina de la noche y la ilumina con su luz plateada. Representa tu energía receptiva, subconsciente e inconsciente. En astrología la asociamos a tus necesidades, emociones e impulsos naturales. Lo que ya eres y no puedes evitar, a veces sin siquiera darte cuenta. El Sol representa tu energía activa, consciente. Se asocia a la identidad que anhelas crear, tu individualidad. Un «norte» que te indica el camino. Es curioso que las personas se identifican con el signo zodiacal donde estaba el Sol cuando nacieron. Dicen «soy Tauro» o «soy Acuario» indicando el sol natal, cuando eso indica más una dirección de la consciencia que una cualidad incorporada. En realidad, es la luna natal la que indica ese lado animal, impulsivo y natural que ya es parte visceral del individuo. Entre estos dos polos interiores existe un orden que te permite administrar mejor tu interior. Encontrar congruencia entre tus necesidades, tus emociones, tus acciones y tus pensamientos. Cuando alineas estos factores encuentras un balance. Cuando no eres consciente de ti, sueles invertir tu energía en direcciones contrarias. Como Penélope, tejes y destejes los hilos de tu existencia. Esto debilita la relación contigo, porque muy internamente sientes que te traicionas. Hoy en día hablamos mucho de amor propio, pero ¿cómo amar lo que no se conoce? ¿Cómo sentir que no te abandonas si has dejado partes de ti cerradas con candado? La clave del amor propio es la congruencia y la permanencia. No pierdas tiempo y energía buscando valoración y aceptación fuera de ti.

(Recuerda que todo se encuentra primero dentro y lo que buscas fuera te indica qué te falta encontrar en ti. La validación que todos anhelan se basa en la coherencia y el conocimiento interior.)

El principio de multiplicidad te enseña que:

- Todo posee múltiples versiones, más que una única versión.
- El ser humano es ambivalente por naturaleza.
- Lo que a veces se vive como un conflicto es índice de múltiples opciones.
- Posees diferentes niveles desde donde experimentas el mundo.
- Los ciclos son múltiples y se influyen entre ellos.
- La verdad suele asemejarse a una paradoja.
- Para sentirte bien debes crear consciencia en cada uno de tus niveles de experiencia.

Cómo aprovechar el principio de multiplicidad:

- Observa el periodo previo a tu cumpleaños y a tu retorno lunar para generar consciencia de cómo sientes los cierres de ciclo.
- Concédete espacio para explorar tus distintos niveles de experiencia.
- Acepta que eres múltiple: abraza tus diferentes versiones.

El principio de
pendulación

El principio de pendulación indica que el cambio es el estado permanente de todo aquello que existe. Nada permanece, todo muta. Todo está en constante movimiento y transformación. La dinámica del cambio consiste en alternar entre opuestos, como búsqueda natural del punto medio de equilibrio. En cada extremo se descubre un límite y, por lo tanto, se define la forma. Descubres el mundo y a ti mismo gracias a los extremos.

Aceptar el principio de pendulación es aterrador y pacificador: tranquiliza saber que cualquier crisis está destinada a concluir, pero duele pensar que todo aquello que amamos llegará a su fin. No podemos detener el tiempo, pero podemos comprender cómo opera y aprovecharlo a nuestro favor. Este principio indica cómo funcionan la oscilación y la mutabilidad constantes.

Cualquier fase en la que te encuentras hoy en tu vida pasará. Todo fluye, todo cambia. Y, cuando sientes que llegas a un extremo, considera que estás atrayendo al extremo opuesto. Esto puede suceder de dos formas: o te volverás el extremo opuesto, o atraerás a tu vida personas o situaciones que representen ese extremo.

> **Los metales nobles como el oro y la plata son muy maleables y pierden su forma si no están mezclados con otros metales menos nobles.**

Son demasiado suaves. De la misma forma las personas suaves (empáticas) pueden perder su esencia si no tienen la capacidad de ser duras cuando se requiere. Se consideran nobles los metales por su alta conductividad de energía. De igual modo, las personas empáticas son fuertes conductoras de energía: son conscientes de las emociones que las rodean y son catalizadores que suelen atraer hacia sí y purificar la energía del ambiente. Si no saben conectar con su instinto de supervivencia, poner límites y escoger ambientes y personas, podrían terminar drenadas y heridas. Existe una ley natural de equilibrio donde todo polo atraerá al opuesto para equilibrarlo. Por eso las personas que se orientan hacia su polo luminoso pueden atraer situaciones o personas oscuras. Es un principio natural que busca equilibrar su luz e integrar su sombra. Tal vez vivieron durante años en equilibrio y luego apareció una experiencia o relación que las llevó a enfrentarse con una densa oscuridad. Esto suele indicar que llega el momento de bajar un escalón más de profundidad en la consciencia. Resolver un conflicto añejo que se guardó en la sombra del inconsciente. Puede ser una experiencia muy dolorosa, mientras, al otro lado del velo, la vida gesta una iniciación poderosa. Conspira para llevar al individuo a un nivel más consciente y evolucionado de sí mismo.

> **Nada permanece, todo fluye, alternando entre dos polos opuestos. Es una búsqueda de equilibrio, ya que cualquier balance se realiza entre dos puntos enfrentados.**

Ir hacia un polo nos llevará, tarde o temprano, al polo opuesto. Entender cómo esto opera nos revela la dinámica profunda de las diferentes experiencias que tenemos en cada etapa de vida. Si somos demasiado libres y no enfrentamos las responsabilidades, tarde o temprano nos tocará hacernos cargo de todas ellas. De no tener responsabilidades (o de actuar como si no tuviéramos), tendremos una gran montaña de ellas. Esta dinámica creará un nuevo equilibrio entre ser demasiado libre y ser responsable, permitiendo que ambos aspectos estén presentes de forma más equitativa.

Los extremos siempre nos dan una gran lección porque nos enseñan acerca de los límites y la necesidad de equilibrio. Pero a veces explorar un extremo requerirá muchos años de experiencias, en algunos casos dolorosas, ya que se enfrenta algo que suele ser desafiador. Cuando comprendemos esta dinámica podemos ahorrar una gran cantidad de tiempo y energía.

Hace un par de décadas una mujer muy sabia me dijo con tono de desaprobación: «Eres demasiado sensible». Yo le pregunté: «¿Eso es malo?».

Me dijo: «No, claro que no lo es. Sin embargo, si no aprendes a modular tu sensibilidad, estás destinada a llenarte de cicatrices, y con los años te harás fría e insensible. Tu sensibilidad es un don. Pero todo don requiere un sabio manejo. Recuerda que los talentos, cuando no están bien dirigidos y resguardados, pueden pasar de ser una bendición a ser una maldición».

Qué gran lección, aunque no bastaba con saberlo. Debía aprender a ponerlo en práctica y me daba mucho que pensar. «Ser demasiado suave te hace duro, así que si eres suave trabaja en ser duro, para conservar tu suavidad». Parecía un juego de palabras mañoso. Resumido es algo así como «para ser suave, sé duro», lo que parece un total contrasentido. Si lo llevamos a un territorio filosófico, podemos comprender que es una clave de la vida misma. Si no soy capaz de ser dura, todas aquellas experiencias que lo requieren me desafiarán a serlo. Cuanto más suave sea, más difícil será el desafío. Especialmente si me aferro a mantener solo mi cualidad original. Si deseo ser suave necesito aliarme con la cualidad opuesta, de lo contrario la vida encontrará sus maneras de hacerlo.

El juego entre polos opuestos, que se atraen para generar equilibrio, suele ser una de las claves de las relaciones. Hay dos formas en las que esto sucede. La primera se basa en la alianza, donde las dos personas se sostienen mutuamente y crean un equilibrio compartido. La segunda se basa en el conflicto, donde cada

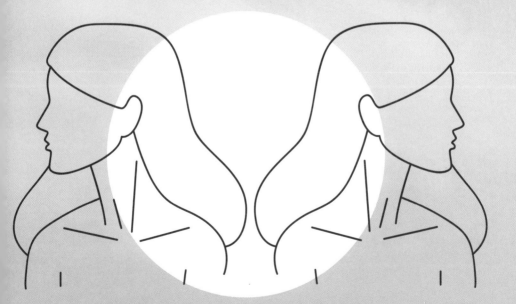

uno defiende uno de los polos, y se siente amenazado por el opuesto. Como bien sabemos, los opuestos se atraen y el desafío es crear equilibrio, no conflicto. Pero es común que, así como dos personas empiezan a funcionar juntas, los desafíos personales se experimenten como un desafío con el otro. En este caso, cada uno tira de uno de los lados, defendiendo su polo y proyectando el conflicto interior en el otro. Es una forma óptima de aprendizaje y de integración del polo opuesto. Aunque a veces el precio es el drama y el dolor. Cuando lo vemos desde esta perspectiva, el conflicto con el otro, muchas veces, es una lección que inconscientemente buscamos aprender. Por ejemplo, si tengo un conflicto en una relación donde no respetan mis límites, quejarme y reclamar o sentirme ofendida obviamente no resolverá la situación. Probablemente atraigo a personas que no respetan los límites por una incapacidad de poner límites en primer lugar. Ya que, si soy capaz de poner sanos límites a los demás, no habrá espacio para personas que no saben respetarlos. Simplemente no accederán a mi círculo íntimo de forma natural, o lo harán sabiendo instintivamente que deben respetar esos límites. Si yo entiendo que simplemente debo equilibrar las concesiones que hago a los demás, poniendo límites, la situación se resolverá por sí sola.

Hay una infinidad de patrones que nos llevan a oscilar entre opuestos hasta encontrar el justo equilibrio, y las relaciones suelen ser un excelente campo de aprendizaje y experiencia para ello. Lo ideal sería tener consciencia de cómo acontece para ahorrarnos el sufrimiento de los conflictos que pueden surgir. Entender que estamos diseñados para la evolución y siempre se presentarán los mismos desafíos hasta que entendamos su significado.

La clave está en reconocer cuáles son los opuestos que operan en una situación o relación. Comprender que si un extremo está presente, por principio, el extremo opuesto se presentará para equilibrarse.

EL MES ANÓMALO

«Todo es culpa de la Luna; cuando se acerca demasiado a la Tierra
todos se vuelven locos».

William Shakespeare

La Luna oscila entre extremos, y no solo siendo sombra en Luna negra y luz en luna llena. Mientras danza con el Sol, mostrándonos sus fases, se acerca y se aleja de la Tierra, llegando a dos puntos opuestos cada mes: el *perigeo* y el *apogeo*.

A este ciclo se lo conoce como anomalístico, o anómalo, y tiene una duración de 27,5 días. Como la Luna tiene una órbita elíptica (no circular, sino ovalada), se encuentra más cerca o más lejos de la Tierra según el momento del mes. Esto genera que la velocidad percibida desde la Tierra cambie: por ello no tenemos una duración de fases específica, la Luna es a veces más veloz y a veces más lenta en su viaje por el firmamento. Esto sucede con todos los planetas.

> Se conoce como **perigeo** el momento de mayor cercanía, y **apogeo** es la máxima distancia a la que la Luna llega cada mes.

Aunque es uno de los ciclos más complejos y menos conocidos de la Luna, era tomado en cuenta ya desde la Antigüedad y Ptolomeo lo cita en su tratado *Almagesto*, en el siglo II. Se dice que los antiguos navegantes temían el perigeo porque solía enloquecer al mar y traer mareas muy revueltas, mal tiempo y naufragios. La pesca era óptima los días previos y sucesivos; en cambio, el día exacto era mejor no navegar. Justamente el perigeo y el apogeo tienen la capacidad de generar mareas vivas y muertas, de la misma forma que lo hacen las fases lunares:

Perigeo	**Mareas vivas (mayor diferencia entre alta y baja marea).**
Apogeo	**Mareas muertas (menor diferencia entre alta y baja marea).**
Luna llena y nueva	**Mareas vivas.**
Cuarto creciente y menguante	**Mareas muertas.**

Cuando una de las fuertes mareas que causa el Sol durante los equinoccios coincide con el perigeo, tendremos una supermarea, fenómeno que suele causar inundaciones en las zonas costeras.

La cercanía con la reina del cielo causa aceleración e intensidad. Uno de los efectos más obvios del perigeo es en las ventas y la actividad en general, que se amplifican siempre el día exacto del fenómeno. Para comprobarlo basta con que tengas acceso a la contabilidad de un negocio, lleves un registro del día del perigeo y lo compares con las ventas del resto del mes. Como el ciclo anomalístico dura dos días menos que el ciclo sinódico, las fases lunares van alternándose y cada año tendremos el perigeo en cada una de las fases lunares. Este factor amplifica o disminuye el efecto de las lunaciones. Por ejemplo, dos veces por año el perigeo coincide con la luna llena, activando lo que se conoce como super luna llena e intensificando su efecto. De la misma forma, el perigeo coincidirá con dos lunas nuevas cada año, intensificándolas.

Uno de los factores que complican la observación de la influencia lunar es que existen varios ciclos que la Luna cumple, y en general tienden a ser complejos de comprender. Además, los diferentes movimientos que realiza interactúan entre sí, intensificando o calmando los efectos de una fase en particular. El mar es siempre un gran indicador del magnetismo y la fuerza gravitacional lunar. Puedes deducir que, cuando el perigeo se da en fase nueva o llena, las mareas serán más vivas, mientras que, si el día del perigeo es cuarto creciente o menguante, la marea no será ni tan viva ni tan muerta, porque sus efectos se influirán entre sí.

El perigeo no solo agita el mar, lo agita todo. Cuando coincide con Luna llena, nueva, equinoccios, solsticios, eclipses o conjunciones planetarias particulares, la agitación estará exacerbada y puede aprovecharse para acciones que requieren mucha fuerza o impacto, y para publicidades, promociones y ventas por su efecto en el comercio.

Es lo que llamo una luna llena oculta, ya que el efecto es muy parecido. Suele ser un día de mayor intensidad emocional y energía. Las emociones y los impulsos están más a flor de piel, lo que podría llevar a un mayor deseo de expresión personal y creatividad. También pueden aumentar la intuición y la sensibilidad, lo que es útil para la meditación y la reflexión. Sin embargo, es importante tener en cuenta que la intensidad con la que se presenta el perigeo dependerá de las alineaciones planetarias del momento, siendo intensificado o apaciguado según cada ocasión. En general, el perigeo representa un punto lunar de obsesión, cercanía e intensidad.

En mitología se ha asociado el perigeo con Príapo, una antigua divinidad grecorromana que se representa como un pequeño hombre barbudo, con un falo desproporcionadamente grande, siempre en erección. Es el protector de los campos y jardines y representa la fertilidad y el instinto de reproducción.

El perigeo no es un punto que se suele tener en cuenta en astrología; ni su posición en la carta natal, ni la influencia del día en que sucede. Pero su efecto es medible y las aguas marinas no dejan lugar a dudas sobre su impacto. Como veremos, sucede todo lo contrario con el apogeo, al que se da un gran significado en astrología.

Te invito a que observes el perigeo y lo uses a tu favor.

DÍAS DEL PERIGEO 2023-2033

	2023	2024	2025	2026	2027
ENERO	21	13	7	1 y 29	21
FEBRERO	19	10	2	24	19
MARZO	19	10	1 y 30	22	19
ABRIL	16	7	27	19	14
MAYO	11	5	26	17	9
JUNIO	6	2 y 27	23	14	6
JULIO	4	24	20	13	4
AGOSTO	2 y 30	21	14	10	2 y 30
SEPTIEMBRE	28	18	10	6	27
OCTUBRE	26	17	8	1 y 28	25
NOVIEMBRE	21	14	5	25	19
DICIEMBRE	16	12	4	24	16

DÍAS DEL APOGEO 2023-2033

	2023	2024	2025	2026	2027
ENERO	8	1 y 29	21	13	7
FEBRERO	4	25	18	10	3
MARZO	3 y 31	23	17	10	3 y 31
ABRIL	28	20	13	7	27
MAYO	26	17	11	4	25
JUNIO	22	14	7	1 y 28	22
JULIO	20	12	5	25	19
AGOSTO	16	9	1 y 29	22	15
SEPTIEMBRE	12	5	26	19	11
OCTUBRE	10	2 y 29	23	16	9
NOVIEMBRE	6	26	20	13	6
DICIEMBRE	4	24	17	11	4

2028	2029	2030	2031	2032	2033
13	5	1 y 28	21	13	4
10	1	22	19	10	1
10	1 y 30	21	17	10	1 y 30
7	2	19	11	7	27
5 y 31	25	17	9	3 y 29	25
26	22	14	6	25	21
23	18	13	4	23	16
21	13	9	2 y 30	21	12
18	10	4 y 30	27	18	10
17	8	28	22	16	8
14	5	25	17	13	5
11	4	24	15	8	4

2028	2029	2030	2031	2032	2033
1 y 28	20	13	6	27	20
24	17	10	2	23	16
22	16	10	2 y 30	22	15
19	12	6	27	19	12
17	10	4 y 31	25	16	9
14	6	27	21	13	6
11	4	25	18	11	4 y 31
8	1 y 29	21	14	7	28
4	25	18	11	3	25
1 y 29	23	16	9	1 y 28	22
26	19	13	9	25	18
23	16	10	3 y 31	23	16

Locuras del tiempo

No solo la Luna se aleja y se acerca de la Tierra, todos los planetas lo hacen. Imagina un avión que viaja por el cielo a una enorme distancia de donde te encuentras. Puedes ver que avanza muy lento por el cielo. Ahora imagina el mismo avión que pasa por encima de tu cabeza, antes de aterrizar en un aeropuerto: posee una velocidad extrema. La velocidad con la que aterriza es menor a la que regularmente vuela en altitud. Sin embargo, gracias a la ley de la perspectiva, tú percibes una mayor velocidad cuando se encuentra más cerca. Lo que comento es lógico, pero ¿qué pasa cuando llevamos este concepto a los cuerpos celestes? La Luna varía su velocidad aparente en el firmamento dependiendo de su distancia a la Tierra, que no hace más que variar constantemente. Lo curioso es que esto también sucede con el Sol, que marca nuestros días. Así como tenemos un perigeo y apogeo, existen el perihelio y el afelio, la mínima y máxima distancia entre la Tierra y el Sol. Antiguamente, se llamaba *Sol negro* al astro rey cuando llegaba a su máxima distancia de la Tierra (el afelio), y **Sol blanco** en el momento de máxima cercanía entre la Tierra y el Sol (el perihelio). La variación de la distancia de los dos cuerpos influye especialmente en la presión atmosférica, siendo esta mayor cuando la distancia se reduce.

> Cabe destacar que la mayor cantidad de radiación solar durante el perihelio suele afectar las telecomunicaciones, resultando en una menor velocidad en la transferencia de datos a nivel global.

Lo más curioso es que la distancia Tierra-Sol influye en el tiempo de una forma tan contundente como imperceptible. Nuestra unidad de medida del tiempo principal es el día. Pero los días no transcurren siempre a la misma velocidad: esta varía según a qué distancia se encuentra el Sol. Esto no tiene relación con las horas de luz y oscuridad marcadas por solsticios y equinoccios, sino con el transcurrir del tiempo. Actualmente el perihelio sucede al comienzo de enero, y el afelio al comienzo de julio. Cuando el Sol se encuentra cercano al perihelio recorre el cielo con más rapidez, mientras que cuando se encuentra cercano al afelio lo hace de una forma más lenta. La ciencia explica que, cuando la Tierra se encuentra más cercana al Sol, este acelera su velocidad de rotación; aunque este fenómeno es igual para cualquier cuerpo celeste: cuando se encuentre más cerca de la Tierra se desplazará a mayor velocidad, como cuando la Luna llega al perigeo cada mes.

ENCONTREMOS A LILITH

R eina de la fase oscura, misteriosa como ninguna, Lilith es escurridiza y salvaje. Sinónimo de la sombra femenina, este punto en el cielo equivale a la le-
janía lunar durante el apogeo. Sin embargo, hay más de una forma de calcular su
posición, y no podía ser de otro modo: Lilith se nos escapa, como la Luna cuando
se aleja y parece querer desprenderse de la Tierra.

> **Los astrólogos hipotetizaron por siglos acerca de un
> punto oscuro lunar, refiriéndose a él inicialmente como
> «el fantasma lunar».**

Es a partir de la mitad del siglo pasado cuando empieza a usarse en astrología, y aún no hay un acuerdo acerca de cuál de todas las Lilith es la correcta. El
perigeo se da en un grado específico del zodiaco, que equivale a la posición de
la Luna cuando llega a su mayor cercanía a la Tierra, cada 27,5 días. Y lo mismo
sucede con el apogeo lunar, que es uno de los puntos donde se suele calcular a
Lilith. Pero cada astrólogo y cada programa pueden usar otro de los puntos atribuidos a Lilith. Personalmente tengo en cuenta solo la Lilith verdadera, equivalente al apogeo real de cada mes.

Cuando calculamos los puntos matemáticos del cielo, como por ejemplo los
nodos lunares, tenemos un punto conocido como «medio» y otro punto «real» o
«verdadero». La variación entre estos dos puntos suele ser de máximo un par de
grados. Los puntos considerados medios se calculan sin tener en cuenta las variaciones que tiene la Luna en el recorrido de su órbita, debidas a la influencia del
campo solar. Estas variaciones son muchas veces abordadas llamándolas «bamboleo lunar», haciendo referencia al hecho de que la Luna no es lineal y constan-

te. Resumiendo, el punto medio es un punto aproximado, y se usó principalmente en la Antigüedad. En cambio, el punto verdadero es el punto exacto, que hoy en día, gracias a la tecnología, es más simple de calcular. Por lo tanto, tenemos una «Lilith media», que se ubica donde está el punto del apogeo medio, y una «Lilith verdadera», equivalente al apogeo verdadero. Si esto fuera todo, no sería tan complejo encontrar a Lilith. Sin embargo, hay otra Lilith a la que se suele llamar «verdadera» y no equivale al apogeo real. La tercera Lilith es conocida como «osculatriz», y equivale al punto vacío en la órbita lunar. Imagina que la Luna da vueltas a la Tierra pero no en un círculo perfecto, más bien un óvalo. Ahora imagina que la Tierra no está en el centro del óvalo, sino orientada hacia uno de los lados donde la órbita lunar llega al perigeo. En la dirección opuesta, donde la Luna se encuentra en apogeo, se genera un vacío. Esta es una de las Lilith más utilizadas, especialmente en los últimos años. Como ciertos astrólogos empezaron a referirse a Lilith osculatriz como Lilith verdadera, algunos programas de astrología calculan a Lilith verdadera como el punto exacto del apogeo o como Lilith osculatriz. Y estos dos puntos matemáticos pueden diferir más de 30°, generando confusión.

> Como si no bastara, existe una cuarta Lilith, que no
> equivale a un punto matemático, sino al asteroide 1181.
> Afortunadamente, este cuerpo celeste no es muy
> utilizado y podemos dejarlo fuera del asunto.

En resumen, Lilith es difícil de encontrar. ¿Y cómo no?

Ella representa al que se va huyendo y lo deja todo.

Lilith se asocia con la liberación emocional y la independencia. Se cree que, cuando Lilith está activa en una carta natal, puede influir en la necesidad de una persona de buscar su propio camino y no aceptar restricciones.

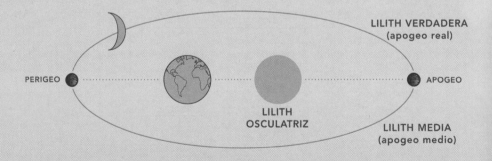

LILITH VERDADERA
(apogeo real)

PERIGEO

LILITH
OSCULATRIZ

APOGEO

LILITH MEDIA
(apogeo medio)

CONOCE A LILITH

E n mitología encontramos muchísimas referencias a esta dama, considerada la primera mujer de Adán y representada como hereje, diabla, bruja, loca... Es interesante observar cómo a lo largo de la historia se la describe de formas muy diferentes, asociándola tanto con un temible demonio como con la mujer libre de imposiciones.

Su historia más conocida acontece en el paraíso, desde donde decide huir (algunos afirman que es desterrada) para no tener que subyugarse a los deseos de Adán.

Femme fatal que enloquece a los hombres, demonio que devora a los bebés y mujer feminista empoderada, las historias de Lilith parecen querer confundirnos de la misma forma que el punto verdadero de Lilith en el cielo. Demetra George, autora de *Mysteries of the Dark Moon: The Healing Power of the Dark Goddess* (Misterios de la Luna Negra: el poder curativo de la diosa oscura), propone una versión muy diferente acerca de nuestra misteriosa señora de la oscuridad. Ella afirma que la historia se origina en la antigua Sumeria, donde Lilith era una sierva de Innana, la diosa del cielo. La leyenda narra que, en una época matriarcal, los ritos sagrados a la diosa consistían en ceremonias de sexo ritual, practicado por las sacerdotisas para sanar y purificar a los que acudían al templo. Lilith era la encargada de conducir a los hombres a los templos, para que se purificaran a través de los ritos sagrados. Demetra George, experta en mitología e historia antigua, narra que entonces el sexo y el poder femenino de parir eran considerados cualidades místicas y divinas. Pero el patriarcado, entre el 3000 y 2500 a. C., fue ganando terreno y hacia el 2400 a.C. Lilith pasó de ser noble y pura a ser un temible demonio que devoraba a los bebés y desquiciaba a los hombres. De la misma forma, se demonizó el sexo, que perdió su naturaleza espiritual.

> **No puedo afirmar que esta historia sea cierta, pero claramente sería una excelente explicación del par de milenios que siguieron: sociedades patriarcales donde el sexo y la mujer fueron considerados impuros.**

Si hay alguien que entiende acerca del principio de pendulación es justamente Lilith. Cuando observamos su tránsito, no hace que oscilar hacia delante y hacia atrás, como un péndulo en el zodiaco. Avanza y retrograda, por periodos de aproximadamente 15 días, variando la cantidad de grados en los que se mueve cada vez que lo hace (entre 24° y 40°).

Lilith se queda 9 meses en cada signo zodiacal, recorriendo el zodiaco entero en aproximadamente 9 años. Pero «se queda» no es algo que se pueda decir de

Lilith. Ella es la que siempre se va. Justamente la podemos ver entrar y salir de un signo de forma constante por su gran capacidad de oscilar como un péndulo. Pero especialmente porque representa la Luna que se aleja y esa parte dentro de nosotros que desea huir.

¿De qué huye? Esa es la gran pregunta.

Lilith representa nuestra naturaleza salvaje, que rechaza la domesticación requerida para vivir en sociedad y las normas que nos piden censurar el instinto animal que todos poseemos.

Para comprenderla mejor es necesario analizar el eje del ciclo anomalístico que permite que la Luna se acerque y se aleje, pendulando entre el perigeo y el apogeo. Como vimos anteriormente, el perigeo se asocia a Príapo, figura con un falo enorme y siempre erecto, que representa el opuesto complementario de Lilith. Si ella es la salvaje, él es considerado como el adaptado a las normas sociales por algunos astrólogos. Al mismo tiempo, cuando observamos el efecto del perigeo en la naturaleza, y especialmente en los seres humanos, vemos que genera intensidad y apego, como también indica la figura mitológica de Príapo. Como hay poca información acerca de un punto de tanta relevancia lunar, llevo años observando empíricamente cómo influye, observando muchos efectos curiosos. Por ejemplo, hace un tiempo llamé a un amigo y me comentó que se encontraba en la sala de urgencias de un hospital. Me preocupé y me comentó que no era grave, y que me llamaría después para contarme. Era el día del perigeo lunar y, cuando más tarde me llamó, me dijo: «Sufro de priapismo». No conocía el término, pero me impresionó que tomara el nombre de la figura mitológica asociada al perigeo, Príapo. Procedió a explicarme que esta condición es una erección indeseada y prolongada del pene, que suele ser muy molesta. Le pedí si podía recordar las fechas en las que había sufrido de esta condición el último año, y estas coincidían con el perigeo lunar. No me sorprendió, ya que el perigeo es tan poco abordado como efectivo, contundente y predecible.

Pero ¿cuál es el real significado de Lilith y de su contrincante Príapo? Está claro que los profundos significados de esta dupla, así como los efectos del perigeo y el apogeo, aún no son del todo comprendidos, ni por la ciencia ni por la astrología.

Según Jesús Gabriel Gutiérrez, autor del libro *Lilith: el enfado interior*, Príapo se asocia con el Nodo Norte de la Luna, y Lilith, con el Nodo Sur.

«El Nodo Sur representa el tipo de conducta menos productiva, mientras que el Nodo Norte señala situaciones y actitudes que nos ayudan a evolucionar. Estableciendo un paralelismo, el eje formado por Lilith y Príapo describe la evolución del temperamento instintivo. Lilith presenta una gran analogía con el Nodo Sur, y Príapo, con el Nodo Norte. Lilith y el Nodo Sur son dos puntos de anclaje de los que hay que desamarrarse para que puedan ser integrados y aprovechados, y Príapo y el Nodo Norte representan el punto de llegada, aquellos potenciales que, procurando su desarrollo, nos hacen la vida más feliz».

Teniendo en cuenta el principio de pendulación, resulta curiosa la interpretación que se suele hacer de los nodos lunares: se tiende a considerar el Nodo Norte como bueno y el Nodo Sur como malo, cuando este principio nos dice que lo «malo» es rechazar uno de los dos opuestos y así perder el equilibrio. Profundizaremos en los nodos lunares en el último capítulo de este libro. Pero vale la pena resaltar esta distinción de dos partidos, dos facciones, dos puntos opuestos enemigos, donde hay uno malo y uno bueno, tan común en la política de hoy en día.

El principio de pendulación nos revela que cualquier cosa oscile hacia un lado promete un movimiento de igual intensidad hacia el lado opuesto. No hay un lado malo y uno bueno, sino equilibro o falta de él.

Si analizamos el eje de Lilith y Príapo desde el punto de vista del equilibrio necesario entre nuestra naturaleza salvaje y nuestra adaptación a las reglas sociales, podemos comprender cómo es un eje que debemos mantener en equilibrio: no podemos renunciar a ninguna de ellas. O tal vez sí, por un tiempo hasta que la otra se manifieste con la misma intensidad con la que nos aferramos a una de las polaridades en primer lugar.

Jesús Gabriel Gutiérrez nos dice lo siguiente:

«En la vida de una mujer, Eva (Luna) y Lilith (Luna Negra) representan dos aspectos de su personalidad. Hay mujeres más Eva y hay mujeres más Lilith. En cualquier caso, ambas coexisten en el psiquismo femenino. Eva es una representación de la mujer adaptada a lo que tradicionalmente se espera de ella. Supedita su desarrollo individual a los intereses del colectivo, de la pareja, de la familia, etc. En lo afectivo, antepone el cariño a la pasión, prefiere vivir el amor a largo

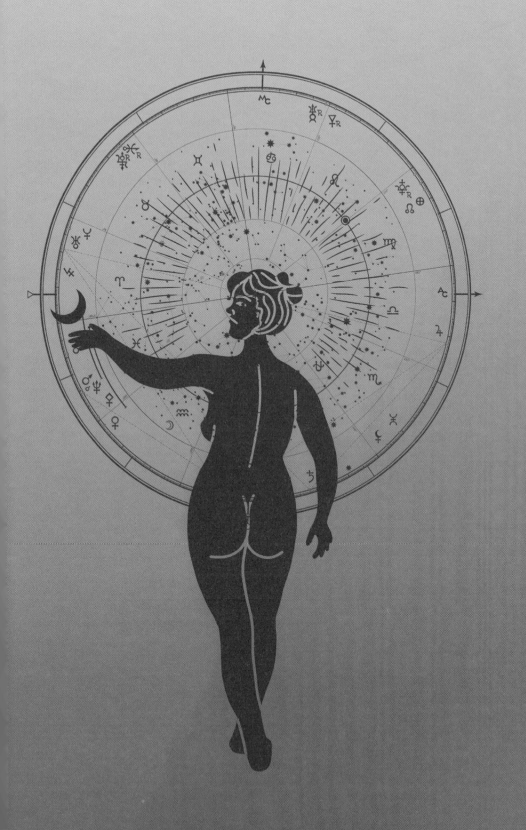

plazo que experimentar la intensidad de un momento. En cambio, la Lilith que subyace en toda mujer representa el lado más salvaje de su feminidad. No se refiere únicamente a una determinada vivencia de la sexualidad, sino a una capacidad para transferir su fuerza creativa a través de actos discretos, sencillos y elementales. Lilith representa los poderes femeninos que, de tan naturales, parecen paranormales. Las capacidades telepáticas, visionarias e inspiradoras están relacionadas con Lilith. O, mejor dicho, con el eje formado por Lilith y su punto de oposición, Príapo. Como Lilith/Luna negra señala una zona reprimida o castigada de nuestro psiquismo, para entender en qué consisten esas dádivas y cómo se nutren deberemos acudir a Príapo. Lilith, por otro lado, también representa los impedimentos; no obstante, según cuenta la leyenda, su función consistía en impedir los nacimientos y, por extensión, los inicios de cualquier cosa. Es por eso por lo que se la relaciona con la frustración y el castigo. Aun así, el consiguiente enfado, si es aceptado, puede convertirse en una fuerza descomunal orientada a abrir caminos por el solo deseo de querer transitar por ellos. Por eso el binomio formado por Lilith y Príapo constituye un eje psíquico capaz de transformar nuestras congojas en creatividad».

Y agregaría la creatividad de sostener un equilibrio entre la necesidad de mantener nuestro instinto vivo y convivir en armonía con los demás, siguiendo normas civiles.

«Podría parecer que Lilith se sintiera más atraída por lo imposible que por lo posible, por lo improductivo que por lo productivo, por la anarquía que por el compromiso. Sin embargo, su función no es impedir el desarrollo de nuestros deseos, sino cuestionar nuestro grado de autenticidad y sinceridad en el reconocimiento de los mismos, puesto que de ellos es de donde irá naciendo la realidad que vamos a vivir».

EL EJE DE LA OBSESIÓN

El ciclo anomalístico, de acercamiento y alejamiento lunar, también puede interpretarse como la oscilación psicológica natural entre el apego y el desapego, y llevados al extremo entre la obsesión y el rechazo. Mitológicamente, Lilith cuando huye se desapega por completo de la comodidad del paraíso, de la aceptación de Dios, de vivir en pareja con Adán. Príapo, a su vez, es conocido por querer hacer el amor todo el tiempo representando el apego carnal.

> El principio de pendulación enseña que los extremos trabajan juntos. Si algo nos provoca rechazo, se generará también el valor opuesto, la obsesión, y viceversa.

Aquí yace uno de los principales conflictos del ser humano. En la búsqueda de tener un autoconcepto positivo, las personas suelen elegir ciertas características personales y rechazar otras. Guardan en la sombra inconsciente lo que rechazan de sí mismos, mientras que se apegan a las características que les agradan y los hacen sentir valiosos. Esto entrega poder a lo que se rechaza, ya que aquello que guardamos en el inconsciente tiene mucha fuerza sobre nuestras vidas. Se presentará de mil maneras para que lo integremos. Enfrentaremos este tema en detalle cuando hablemos del concepto de «sombra» inconsciente.

Vale la pena tener en cuenta lo que nos enseña el principio de pendulación: cualquier movimiento a un extremo atraerá un movimiento al extremo opuesto.

Esto se manifestará por cambios en el individuo o por vivencias que lo representen. No se puede realizar una fuerza en una dirección que no esté acompañada, aunque sea de forma inconsciente, por la misma fuerza en la dirección opuesta. Por más que pendulemos como la Luna para crear experiencias y obtener el conocimiento de lo que cada extremo representa, la única opción que promete darnos paz es aceptar los opuestos y buscar un equilibrio entre ellos.

> Ten en cuenta que interpretar a Lilith por signo o casa zodiacal solo da indicaciones generales limitadas, y para una interpretación fidedigna es necesario un análisis completo de la carta natal.

Guía de Lilíth por signo y por casa zodiacal

Para saber en qué signo y casa astrológica tienes a Lilith verdadera, entra en https://lunalogia.com/carta-natal/ y coloca tus datos de nacimiento.

Debajo de la carta natal encontrarás una lista de planetas por signos y casas, como en el siguiente gráfico:

Lilith ⚸	20°11' ♎
	Casa 11

El principio de pendulación te enseña que:

- Un extremo siempre atrae su contrario: lo que oscila a un extremo promete un movimiento de igual intensidad hacia el extremo opuesto.
- El equilibrio es dinámico, no estático, y requiere de un eje entre opuestos que han sido integrados.
- Mantener nuestra naturaleza salvaje intacta es tan importante como adaptarnos al entorno.
- La intensidad de los perigeos es similar a la de la luna llena.

Cómo aprovechar el principio de pendulación:

- Observa qué área de tu vida o de tu personalidad tiende a ser extrema y cómo atrae el extremo opuesto.
- Usa el perigeo para impulsar ventas y publicidades.
- Busca a tu Lilith de nacimiento y reflexiona acerca de su significado.
- Pregúntate en qué situaciones de tu vida eres salvaje y en qué situaciones estás domesticado.

Lilíth por signo zodiacal

ARIES	TAURO	GEMINIS
Impulso de expresarse libremente sin restricciones y mantener la libertad a toda costa. Obsesión por liderazgo, iniciativa y deseo de ser el primero. Rechazo a la sumisión y a seguir las reglas.	Impulso de mantener la estabilidad y posible apego a los bienes materiales y a los placeres carnales. Obsesión por la seguridad material y sensualidad. Rechazo a los cambios bruscos y a la incertidumbre.	Impulso de mantener abiertas las propias opciones y de realizar una constante comparación entre ellas. Obsesión por el conocimiento, la comunicación y la versatilidad. Rechazo a la monotonía y a la falta de estimulación mental.

LIBRA	ESCORPIO	SAGITARIO
Impulso a agradar siempre a los demás y estar en constante expectativa de la aceptación de un otro. Obsesión por la justicia, la belleza y el equilibrio en las relaciones. Rechazo a la injusticia y al desequilibrio.	Impulso a ir a fondo de todas las cuestiones llevándolas al limite e impulsando una transformación constante. Obsesión por el poder, la profundidad emocional y la transformación. Rechazo a la superficialidad y a la falta de control.	Impulso a explorar siempre nuevos horizontes y a ver solo el lado bueno de las cosas. Obsesión por la libertad, la aventura y la expansión de horizontes. Rechazo a la monotonía y a las limitaciones.

Lilíth por casa zodiacal

CASA 1	CASA 2	CASA 3
Impulso a buscar el propio camino y verdad, con una actitud rebelde hacia las normas sociales y culturales. Obsesión por la imagen personal, la identidad y el poder personal. Rechazo a la falta de control y a la falta de reconocimiento.	Impulso a poseer recursos materiales y financieros. Obsesión por la seguridad material, el dinero y el autovalor. Rechazo a la inestabilidad y a la falta de recursos o la falta de autoestima.	Impulso a comunicar libremente. Obsesión por la comunicación, la educación y el conocimiento. Rechazo a la ignorancia y a la falta de interacción social.

CASA 7	CASA 8	CASA 9
Impulso a formar alianzas con pareja, socios o compañeros de vida. Obsesión por la pareja, las relaciones y la justicia. Rechazo a la soledad y a la falta de equilibrio.	Impulso a la transformación constante. Obsesión por la intensidad emocional, la transformación y el sexo. Rechazo a la superficialidad y a la falta de control.	Impulso a la búsqueda de la verdad y a la libertad de movimiento.Obsesión por la exploración, el conocimiento superior y la filosofía. Rechazo a la ignorancia y a la falta de perspectiva.

CANCER	LEO	VIRGO
Impulso a cuidar y nutrir a los demás y protegerlos como si no tuvieran la capacidad de hacerlo por ellos mismos. Obsesión por la seguridad emocional y familiar. Rechazo a la soledad y al rechazo social.	Impulso a colocarse siempre al centro de la experiencia y a buscar reconocimiento constante. Obsesión por la atención, el reconocimiento y el éxito. Rechazo a la falta de reconocimiento y a la opacidad.	Impulso a ordenar, medir y discernir cada área de la vida. Obsesión por la perfección, la organización y la salud. Rechazo al caos y a la mediocridad.

CAPRICORNIO	ACUARIO	PISCIS
Impulso a planificar y estructurar todas las áreas de la vida. Obsesión por el éxito, la responsabilidad y el crecimiento profesional. Rechazo al fracaso y a la falta de dirección.	Impulso a mantener la distancia y la independencia a toda costa. Obsesión por la independencia, la originalidad y la innovación. Rechazo a la uniformidad y a la opresión.	Obsesión por la espiritualidad, la compasión y la conexión emocional. Rechazo a la dureza y a la falta de empatía.

CASA 4	CASA 5	CASA 6
Impulso a proteger la intimidad y la privacidad y a proteger a el círculo familiar y la vivienda. Obsesión por la seguridad emocional, la familia y la tradición. Rechazo a la falta de conexión con las propias raíces.	Impulso creativo y expresivo. Obsesión por la creatividad, el placer, el romance y el éxito en el amor. Rechazo a la falta de diversión. Puede haber obsesión con los hijos.	Impulso al servicio a los demás, al trabajo, los hábitos. Obsesión por la salud, la eficiencia y la productividad. Rechazo al desorden y a la falta de estructura.

CASA 10	CASA 11	CASA 12
Impulso al reconocimiento y éxito profesional y social. Obsesión por el estatus y el reconocimiento público. Rechazo al fracaso y a la falta de dirección.	Impulso a la interacción con la comunidad y los amigos. Obsesión por la libertad, la innovación y la pertenencia a un grupo. Rechazo a la uniformidad y a la falta de conexión social.	Impulso a desarrollar la espiritualidad. Puede haber una fascinación por la exploración de los estados de conciencia. Obsesión por la espiritualidad, la compasión y la conexión con el subconsciente. Rechazo a la superficialidad y a la falta de empatía.

El principio de
reiteración

El principio de reiteración enseña que todo brota de
una matriz primordial y tiende a repetirse a sí mismo.
Una célula que se divide, un árbol que produce una
semilla, todo se multiplica desde un factor específico
que determina las variables posibles. Todo tiende a
replicarse en el tiempo. Para aprovechar el principio de
reiteración es necesario analizar los patrones repetidos
y prestar particular atención a los inicios. Como todo
tiende a repetirse, identificar patrones revela los
posibles futuros.

Modificar patrones es intervenir en el destino.

Aprovechar los inicios es diseñar el destino.

Ay, destino. Qué palabra de significado tan profundo, complejo y poderoso. Y qué bello simplificar lo complicado, para comprender su sofisticación. **«Destino» proviene del latín** *destinare* **y significa «decretar», «establecer», «elegir».**

Poético y trascendental.

El destino es aquello que decretamos, establecemos y elegimos.

Estoy segura de que la mayoría no está de acuerdo con que puede elegir su destino. Si así fuera, todos tendrían el destino soñado. La cuestión es que **no eliges tu destino desde tu mente consciente**. El destino es el resultado de la suma de tus actos, pensamientos, emociones, palabras, o la falta de ellos. Se gesta principalmente en el inconsciente humano, de forma involuntaria.

Antiguamente se decía que los dioses tenían el poder de hacer los destinos, mientras que los hombres solo podían seguir el destino designado. Existía una tercera categoría, capaz de cambiar su destino, llamados semidioses. Los semidioses podían elegir su destino, porque ellos poseían sabiduría. Esto indica que, dependiendo del nivel de consciencia y capacidad de acción del individuo, todos pueden cambiar su destino.

(Cuanto más te conoces y tomas el control de tu vida, más control tienes sobre tu destino.)

El nivel de libertad y conocimiento disponible en una determinada sociedad o grupo influye fuertemente, ya que el acceso a la información, a herramientas de aprendizaje, la opción de múltiples posibilidades, facilitará o dificultará el proceso de tener la vida deseada.

Vivimos en un momento único, donde disfrutamos
de una libertad y un acceso a la información sin precedentes:
nunca fue tan simple tomar nuestro destino en las manos.

LA MAGIA DE LOS INICIOS

Una década atrás me encontraba viajando por el estado de Chiapas, al sur de México. Su vegetación, sus vestigios arqueológicos y su cultura indígena me tenían totalmente fascinada. Quería entenderlo todo y estuve preguntando y leyendo acerca de cada cosa singular del lugar. Un día me fui de paseo por los senderos cercanos a las ruinas de Palenque. Cada rato me cruzaba con turistas y locales que recorrían los caminos adornados de la exuberante selva tropical. Hasta que vi a un señor sentado al lado de un camino, con una libreta y un lápiz. Estaba absorto, con la mirada perdida. Era claramente un indígena y me despertó una enorme curiosidad. No resistí, me acerqué y solté un *buen día*. Levantó la cabeza y me miró con ojos alegres.

—Disculpe, don, ¿qué escribe?

—Estoy observando el día.

—¿Y qué dice el día?

—Hoy es 4 de enero. Es húmedo y cálido. Esto me dice que en abril hará calor y habrá lluvia.

—¿Cuenta los días para saber cómo serán los meses?

—Sí, me lo enseñó mi abuelo. El 1 de enero equivale a enero, el 2 a febrero, el 3 a marzo. Observo los primeros 12 días del mes y sé cómo será el clima del año. Y puedo cuidar de mi cosecha.

—¡Qué interesante! Gracias por compartirlo, esta información es increíble. Pero, disculpe, el año maya no comienza el primer día de enero. ¿Cómo puede funcionar con este calendario?

—Tienes razón. No sé cómo funciona. Lo que sé es que sí *funciona*. Lo hago cada año.

En astrología usamos la carta natal para conocer a fondo a un individuo. Se trata de un gráfico del cielo, en el momento en que inició su viaje en este mundo. El diseño que forman los astros en aquella hora y minuto específico queda impreso en la personalidad a lo largo de toda su vida.

¿Cómo es posible?

No lo sé. De lo único que tengo certeza absoluta es de que funciona. Hay muchas cosas en la vida que son así. No tenemos idea de cómo pueden funcionar, pero lo hacen. Las cosas no necesitan que entendamos cómo funcionan, simplemente que las hagamos funcionar.

Así es la magia de los inicios: funcionan.

ACERCA DE LA TEORÍA
DE LOS FRACTALES

Los fractales pueden desvelar el misterio de por qué los inicios de ciclo reper-cuten en el diseño completo del ciclo. Se trata de patrones que se repiten a diferentes escalas y se encuentran en muchos lugares en la naturaleza, como en las ramas de los árboles, el crecimiento de las flores, los cauces de los ríos, las costas, las nubes y las formaciones rocosas.

La palabra «fractal» fue acuñada por el matemático Benoit Mandelbrot en 1975. Deriva de la expresión en latín *fractus*, que significa «fragmentado». La idea detrás del término es que los fractales son patrones que se «fragmentan» y luego se repiten. Mandelbrot utilizó el término para describir patrones matemáticos en la naturaleza, que se caracterizan por repetirse en varios niveles de escala.

Hoy en día la teoría de los fractales viene aplicada a una variedad de campos, desde la medicina y la meteorología hasta la economía y la informática. Si consideramos que un inicio es el fractal inicial que se repetirá a sí mismo, determinando el primer fractal de un ciclo, estamos creando un patrón que se repetirá en el tiempo.

Así, cuando en astrología usamos el patrón planetario de un inicio, podemos hacer una predicción del ciclo entero. Más adelante en este capítulo te propongo formas de aprovechar la magia de los inicios a tu favor, pero antes de ello analizaremos cómo funciona el subconsciente y cómo usarlo para determinar tu destino.

TU SISTEMA OPERATIVO

Tu subconsciente es como el sistema operativo del ordenador más sofisticado que existe: tu mente. Ahí corren los programas instalados en tus primeros siete años de vida. Programas que definen cómo ves el mundo, qué piensas de ti mismo, qué tipo de amor crees merecer, etc. Lo curioso es que, en general, el sistema operativo y los programas que corren en tu mente no suelen actualizarse a menudo, como sucede con las aplicaciones hoy en día. Son programas tan antiguos como tu propia infancia.

Tus creencias fueron instauradas en el fondo de tu mente para que repitas patrones, probablemente como mecanismo biológico de supervivencia. Y la mente subconsciente, como indica la palabra, es consciente solo una mínima parte.

> De la misma forma que no puedes ver los códigos de los programas de tu ordenador, tampoco podrás ver las creencias. Solo ves las experiencias repetitivas que generan.

En marketing y publicidad lo saben a la perfección: la decisión de comprar un producto no se hace de forma consciente. Es tu subconsciente el que decide si el producto es bueno para ti o no. Estudios recientes demuestran que el 97 % de las decisiones de los seres humanos no se toman por la razón. Las toma el subconsciente y luego la mente lógica propone una excusa para justificar la decisión impulsiva del subconsciente. Quizá quieras leer las últimas líneas de nuevo. Porque el hecho de que las decisiones de tu vida las tome un programa obsoleto instaurado de acuerdo con lo que experimentaste durante tu infancia es totalmente trascendental.

El subconsciente tiene como propósito protegerte de los peligros y guiarte al lugar correcto. Su intención es buena. Pero las creencias que están ahí no las elegiste, las recibiste. Tristemente, cuando indagas descubres que la mayoría de las personas tienen creencias muy negativas. Lo común es que las personas crean que no son suficiente, que no pueden tener mejor calidad de vida, que el amor duele, etc. Por eso hacen un grandísimo esfuerzo para cambiar y pareciera que todo obra para mantenerse dentro de un límite establecido. Creas lo que crees; pero no a nivel consciente. Es tu subconsciente que usará su poder colosal para repetir experiencias según las creencias y crear según los límites impuestos por las mismas. Y, así, desde tu subconsciente diseñas tu destino.

El símbolo del subconsciente, a nivel astrológico, es la Luna. Ella también se ocupa de reiterar, replicar, repetir. No es muy conocido que la luz lunar es séptica y hace que las bacterias se multipliquen más rápidamente. Por ejemplo, si deseas elaborar pan, hacer cerveza, yogur o kombucha, fermentará más rápido en luna llena que cuando no hay luz lunar. Con la luz lunar la división celular se activa y todo se multiplica, repitiéndose a sí mismo. Además, ella, nuestra Luna, es justamente nuestra mente emocional, analógica, intuitiva e instintiva; en otras palabras, nuestro lado más salvaje y animal. Y la Luna puede contarnos mucho acerca de lo que creemos posible a nivel profundo.

Te hablé de ello en *Todas tus lunas*, cuando te contaba cómo, según la posición de la luna natal, podemos intuir cuál fue el tipo de amor primordial que cada quien experimentó. Ese amor primigenio suele ser uno de los modelos que se repiten, independientemente del hecho de que sea un amor sano o no. Si un niño experimenta el amor de sus padres como ausencia, porque nunca están presentes, reconocerá el amor en la ausencia. Y, cuando lo amen con presencia, en su edad adulta, no sentirá esa respuesta tan divina que nos provoca el amor. Se sentirá amado por quienes mantienen la misma distancia que sus padres, por más que conscientemente se queje y sufra por la situación. El que elige en este caso (y casi en todos los casos) es el subconsciente, no el individuo, aunque él piense que es su corazón, que siempre se enamora de personas que no pueden estar presentes.

Ten en cuenta que los patrones que podemos reconocer analizando la luna natal de una persona demuestran una tendencia que puede expresarse de formas diversas. Se puede transformar ese amor primigenio de «amo en la distancia» a, por ejemplo, «amo con libertad, dejando espacio al otro».

Hackear el programa

Somos una sociedad pensante. Según una reciente encuesta, cada día pasan por nuestra mente alrededor de 60.000 pensamientos. Lo curioso es que según estudios realizados el 95 % de ellos se repiten día tras día y el 80 % son pensamientos negativos. Aquello que llamamos destino suele gestarse mayormente en el poderoso territorio de tu subconsciente. Hackear tu subconsciente es hackear tu destino. Pero ¿cómo hacerlo?

HAY DIFERENTES TÉCNICAS PARA REPROGRAMAR EL SUBCONSCIENTE, PERO TODAS ELLAS SE BASAN EN TRES PRINCIPIOS BÁSICOS:

- Generar una fuerte emoción.
- Acceder al nivel subconsciente.
- Usar la repetición.

Veámoslos en detalle:

Generar una fuerte emoción

Las emociones fuertes, especialmente los traumas, son mensajes sumamente poderosos para el subconsciente. Como su papel principal es protegerte, algo que causa un fuerte impacto emocional vendrá archivado como importante y generará un nuevo programa. Por este motivo se considera fundamental incluir la emoción en las afirmaciones positivas, los rituales, las intenciones que se realizan para influir en nuestra realidad.

(**El subconsciente habla en símbolos, en emociones, en colores, en sensaciones. Son las emociones fuertes las que hacen que seamos capaces de crear a través de la creencia.**)

Acceder al nivel subconsciente

La puerta a tu subconsciente está abierta los primeros minutos en que despiertas y los últimos minutos antes de dormirte. Si te observas en esos minutos puedes entender cómo tu mente es más lenta, más imaginativa, etc. También accedes al subconsciente cuando estás en estado meditativo o en relajación profunda. Por ello, usar las mañanas y las noches para modificar las creencias limitantes e instaurar nuevas creencias positivas es ideal. Considera que los primeros minutos del día y los últimos antes de dormir son momentos donde muchas personas suelen pensar en sus preocupaciones. Este es un enorme error, porque todo lo que se piensa durante esos minutos tendrá mucha fuerza a lo largo del resto del día y de la noche.

También existen más posibilidades, como aprender a entrar en autohipnosis o contratar a un especialista que se dedique a ello. Por más que pueda parecer complejo, acceder al subconsciente para reprogramar creencias es, como todo, una cuestión de práctica. Si meditas y estás acostumbrado a generar silencio en tu mente, acceder a estados de semihipnosis por tu cuenta es una posibilidad tan poderosa como accesible. Lo que debes considerar es que será necesario investigar cómo funciona el subconsciente. Libros simples como *El poder de la mente subconsciente*, publicado hace más de cinco décadas por Robert Murphy, pueden ayudarte a saber lo indispensable.

Te compartiré una pequeña anécdota acerca de esto para que puedas dimensionar el poder de cambiar una creencia. Años atrás decidí de cambiar mi relación con la comida. Una tarde con un par de horas a disposición, aproveché para entrar en autohipnosis y cambiar mi creencia acerca de la comida. La creencia que elegí fue: «Solo consumo alimentos completamente saludables». El día siguiente decidí comenzar a experimentar con los alimentos que escogía para cada comida y me llevé una gran sorpresa: mi subconsciente consideraba no saludable cualquier alimento procesado o con algún aditivo que no fuera natural. A partir de ese día, probar aunque fuera un bocado de algo refinado me provocaba una fuerte reacción. Vómito, dolor de cabeza, malestar general. Me encontré enfrente de dos opciones: mantener la nueva creencia, cambiando por completo mi alimentación o volver a modificar la creencia. Elegí la primera y la mantuve durante cinco años donde solo podía comer aquello que preparaba por mi cuenta, exclusivamente con ingredientes naturales e integrales. No podía comer en restaurantes ni en casa de familiares y amigos. Podía probar algo que supuestamente era natural y saber de inmediato si poseía algún ingrediente químico, porque mi cerebro empezaba a pulsar, mi mente se aceleraba y la reacción de rechazo era extrema. Un par de años atrás decidí modificar esta creencia, simplemente para disfrutar nuevamente de todos aquellos sabores que había olvidado. Hoy me encuentro preparándome para volver a instaurar esa creencia. Disfruté mucho de la indulgencia; sin embargo, el nivel de salud, energía y claridad mental que experimenté durante los años en los que no consumía alimentos procesados es mucho más valioso para mí que los deliciosos sabores de los que puedo disfrutar gracias a los alimentos procesados.

> **Te cuento esta pequeña historia para que tengas en cuenta que cambiar una creencia es mucho más potente de lo que solemos considerar. Y que el poder de tu subconsciente es extremo.**

Usar la repetición

La repetición es una de las formas en que las creencias se refuerzan a sí mismas. Cuando existe un patrón, se repite gracias a sí mismo y cada vez que se repite se refuerza. Por ejemplo: si a nivel subconsciente yo creo que nadie me va a pagar lo suficiente por mi trabajo, esa creencia genera una vivencia. Cada vez que repito la experiencia me doy la razón y creo que estoy en lo justo. Sin embargo, es justamente porque creo que no me pagarán lo suficiente por lo que solo conecto con esas posibilidades.

Por este motivo se suele aplicar la repetición de frases, mantras, visualizaciones, conceptos, etc. Se usa un mecanismo natural para tratar de contrarrestar la fuerza de una creencia negativa. El límite de este método es que la repetición subconsciente de creencias llevada a cabo por el subconsciente es mucho más antigua y consistente y la mente consciente no puede ganar al subconsciente.

> Por ello las repeticiones funcionan solo si se emplean junto con otra técnica, por ejemplo, usarlas en estado subconsciente, sumadas a emociones, etc.

Ejercicio 3-3-3

Esta práctica cotidiana te llevará solamente 18 minutos al día, pero generará un resultado consistente. Es una manera muy simple de usar las formas de acceder al subconsciente, potenciándolas y generando nuevas creencias que aumentarán tu autoestima, tu abundancia y redefinirán los límites que te imponen las creencias. Además, usando los inicios cotidianos a tu favor, el comienzo del día y de la noche, generarás un patrón que se repetirá a sí mismo.

PARA REALIZARLO SOLO DEBES USAR LOS PRIMEROS 9 MINUTOS CADA MAÑANA Y LOS ÚLTIMOS 9 MINUTOS CADA NOCHE ANTES DE DORMIR. REPETIRÁS LA MISMA SECUENCIA EN LA NOCHE Y EN LA MAÑANA:

- Agradecer.
- Mencionar cosas que te hacen sentirte orgulloso de ti mismo.
- Visualizar.

Los primeros 3 minutos agradece

Haz una lista mental de cualquier detalle que valga la pena agradecer. Es una forma de entrenar tu a subconsciente para encontrar motivos por los cuales estar agradecido y generar más experiencias por las cuales agradecer. Parece un simple ejercicio, y lo es. Sin embargo lo que no parece es que puedes obtener resultados increíbles si te acostumbras a agradecer cada mañana y cada noche, aunque sea por tres minutos.

Los segundos 3 minutos haz una lista de lo que te hace sentir orgulloso de ti

Nuestra mente está diseñada para aprender constantemente y estar atenta a las lecciones pendientes. ¡Es maravilloso! Aunque puede significar que seas más consciente de lo que haces mal que de lo que haces bien. Esto puede jugar en contra de tu autoestima y valoración. Si acostumbras a tu subconsciente a estar pendiente de lo que sí hiciste bien, estarás más predispuesto a realizar acciones de las cuales estar orgulloso.

Recordarte lo que hiciste bien y tenerlo presente mejora tu relación contigo, permitiendo que tu amor propio se fortalezca.

Los últimos 3 minutos visualiza algo que deseas, en tiempo real, como si estuviera aconteciendo

La visualización es una herramienta tremendamente poderosa, por varios motivos. Para empezar, tu cerebro no diferencia entre algo que imaginas y algo que está sucediendo en el mundo real. Por ejemplo, si imaginas algo que te hace muy feliz, por más que no esté aconteciendo, produces hormonas que te hacen sentir genial, y en tu cuerpo la felicidad es una realidad química. Esto te permite comprender cómo se puede generar una realidad desde la imaginación.

Cuanto más practiques la visualización, más fácil será para ti cambiar la química de tu cuerpo y predisponerte para sentirte cada día más como deseas.

En segundo lugar, visualizar una meta o un deseo es una forma ideal de reconocer si hay bloqueos existentes. Por ejemplo, si visualizas algo que deseas conseguir y, en lugar de sentirte ilusionado, te sientes raro o identificas emociones negativas, por mucho que lo desees hay algo en ti que no quiere conseguirlo. Digamos que te visualizas manejando un coche que deseas tener, y en vez de sentirte alegre te sientes incómodo; lo más probable es que asocias ese logro a algo negativo. Por ejemplo, que ese tipo de coche solo lo pueden tener las personas ricas, y ser rico te haría superficial o mala persona. Usemos otro ejemplo: supongamos que quieres formar pareja y te visualizas enamorado con alguien perfecto para ti. Si en lugar de sentirte feliz y agradecido te sientes amenazado, muy probablemente existe una creencia negativa acerca del amor, por ejemplo, que «el amor duele». Ten en cuenta que este tipo de creencias no están presentes en el área lógica de tu cerebro. Puedes argumentar que no crees eso y dar una serie de motivos. Sin embargo, las creencias del subconsciente no tienen que ver con la lógica.

Además, las visualizaciones nos preparan para estar listos y predispuestos a una experiencia que queremos vivir. Por ejemplo: si deseas pasar un examen y usas las visualizaciones cada día, imaginando que el examen te resulta fácil, que lo pasas y te sientes muy emocionado y agradecido por tu logro, te predispones a que así sea y llegarás mucho más confiado al día fatídico.

Te recomiendo que apliques este ejercicio especialmente en momentos donde no te sientas bien. En caso de tener más tiempo disponible, puedes emplear la primera media hora de la mañana y la última media hora del día. Usarás 10 minutos para cada fase del ejercicio, y los efectos serán extremadamente transformadores.

INICIOS PODEROSOS

Los ciclos cósmicos nos proveen de toda una serie de comienzos en los cuales podemos diseñar el primer fractal para verlo repetirse a sí mismo a lo largo de todo el ciclo. Existen ciclos de menor y mayor longitud, además de ciclos personales y ciclos colectivos. Los ciclos personales son, por ejemplo, el retorno solar (cumpleaños) y el retorno lunar. Obviamente hay muchos más, como el retorno de Venus, de Júpiter, etc.

Puedes usar el enlace que te dejé previamente para ver una lista de los retornos de cada planeta (https://es.astro-seek.com/retornos-planetarios-revoluciones-planetarias-calculadora).

Lo ideal es aprovechar los inicios marcados por la luna nueva cada 30 días.

Como la Luna tiene especial resonancia con nuestro subconsciente y su naturaleza es replicar, cada luna nueva es perfecta para implantar nuevos patrones positivos que se repitan a sí mismos. Los eclipses solares (que veremos en detalle más adelante) son lunas nuevas muy potentes y también son grandes oportunidades de inicios luminosos, aunque requieren más enfoque, por ser momentos donde solemos estar algo inestables, emocional y mentalmente.

Otros de los momentos ideales son los equinoccios y los solsticios.

- **Las lunas nuevas**
- **Los eclipses solares**
- **Los equinoccios**
- **Los solsticios**
- **El cumpleaños**
- **El retorno lunar**

Decretos para la luna nueva

La tradición nos dice que la mejor forma de aprovechar la luna nueva es usar las primeras ocho horas a partir del momento exacto del nacimiento lunar para realizar «decretos». La idea detrás de los decretos es que, al repetir afirmaciones, la mente subconsciente las internaliza y las convierte en creencias verdaderas, lo que luego se traduce en acciones y resultados. Aun así, recuerda que la palabra o el pensamiento, para tener mucha influencia en el subconsciente, debe ir acompañado de la emoción. Al generar un patrón que se ancle en lo profundo de la mente, es más importante tener emociones positivas que decretos positivos. Para influenciar los inicios será fundamental individuar qué tipo de acciones o actividades te sintonizan en el estado emocional que deseas estimular en tu vida. Solemos pensar que existen determinados logros que nos darán paz, felicidad o validación. Pero es exactamente al revés: a través de la paz, la felicidad o la validación conseguimos aquellas cosas que resuenan con estos estados interiores. A veces, a la hora de querer manifestar algo, la emoción que se genera es de carencia hacia aquello que deseamos. Este es un grave error que trae más carencia porque la emoción es una frecuencia muy potente que nos conectará con lo mismo que emitimos en primer lugar. Si deseo manifestar, la emoción más poderosa es la gratitud. Es como decirle al campo energético y a tu subconsciente: «Ya recibí lo que deseaba, gracias»; implica estar abierto a recibir y dar por hecho que sucederá.

Por consiguiente, los decretos son muy útiles, aunque hay que diseñarlos teniendo en cuenta que deben ser acompañados de las justas emociones: aquellas que deseas tener más a menudo en tu vida.

> Ten en cuenta el lenguaje del subconsciente: usa el tiempo presente, siempre con afirmaciones en positivo, sin negaciones.

CÓMO DISEÑAR UN DECRETO

Los decretos no son una solución mágica para los problemas, sino una buena herramienta para ayudar a la mente subconsciente a enfocarse en los objetivos y deseos para crear patrones de pensamiento.

HAY ALGUNAS COSAS IMPORTANTES A TENER EN CUENTA A LA HORA DE ESCRIBIR DECRETOS PARA EL SUBCONSCIENTE:

1. **Lenguaje positivo.** Es importante utilizar un lenguaje positivo y afirmativo en los decretos. Describir lo que sí quieres, en lugar de lo que no quieres.
2. **Presente.** Los decretos deben redactarse en presente, como si ya estuvieran manifestados. Por ejemplo, en lugar de decir «quiero ser exitoso», di «soy exitoso».
3. **Emoción.** Los decretos deben hacerse con emoción. La energía emocional que se ponga en los decretos tiene un impacto fundamental en su efectividad.
4. **Credibilidad.** Es importante escribir decretos que sean creíbles y realistas. Debe ser algo que realmente desees y creas posible.
5. **Enfoque.** Mantente enfocado en un solo objetivo a la vez. No es efectivo mezclar diferentes deseos u objetivos en un solo decreto.
6. **Repetición.** Los decretos deben repetirse con frecuencia para asegurarse de que la mente subconsciente los internalice.

7. Visualización. Es de mucha ayuda visualizar mentalmente el resultado deseado mientras se repiten los decretos. La combinación de la repetición y la visualización suele ser muy poderosa.

Listas de intenciones

Quizá la práctica más popular entre los amantes de la Luna es hacer listas de intenciones para cada luna nueva. En mi web puedes descargar las listas de intenciones para cada luna nueva junto con las instrucciones de forma gratuita. El tiempo que transcurre entre una luna nueva en un signo del zodiaco y la luna llena en el mismo signo es de un poco más de seis meses (191 días), y se considera un ciclo de manifestación; en otras palabras, el tiempo de germinación de los deseos hasta su manifestación. El motivo por el cual se trabaja de esta forma es que cada luna nueva se da en un área diferente de nuestra carta natal, marcando un inicio en un ámbito específico de nuestra vida. Aunque la persona no sepa astrología, inconscientemente estará iniciando una nueva etapa en ese ámbito. Para el momento en que la Luna se llene en esa área del zodiaco, seis meses después se habrá generado un resultado, que suele pasar desapercibido, ya que no solemos prestar atención a estos ciclos. Si uno decreta y planea qué trabajar en cada luna nueva, simplemente estará aprovechando un ciclo de gestación y manifestación natural.

La energía de la luna nueva es ideal para establecer metas y deseos. La lista de intenciones se suele escribir el primer día de luna nueva, aunque en general se puede usar toda la primera semana del ciclo.

TE DEJO LOS PASOS A SEGUIR PARA CREAR TU PROPIA LISTA DE INTENCIONES:

1. **Reflexiona. Antes de escribir tus intenciones, tómate tu tiempo para meditar sobre tus deseos y objetivos personales. Piensa en qué es lo primordial para ti y qué tiene realmente sentido manifestar.**
2. **Menos es más. Trata de enfocarte en una sola intención o deseo a la vez. Es más fácil y efectivo para la mente subconsciente centrarse en un objetivo específico en lugar de hacerlo en varios.**
3. **Escribe tus intenciones. Una vez que hayas identificado tus deseos, escríbelos en un papel o en una hoja de**

intenciones especial. Asegúrate de escribirlos en presente y utilizando un lenguaje positivo y afirmativo.

4. Visualiza. Intenta visualizar mentalmente tus intenciones y siente las emociones positivas que acompañan a la realización de tus deseos. La combinación de la escritura y la visualización puede ser muy poderosa. En caso de sentir emociones incómodas, identifica cuál es el bloqueo a recibir lo que deseas.

5. Diseña un plan y pasa a la acción. Las acciones no solo aceleran el proceso, también ayudan a que te sientas siempre más cerca de tu deseo. Describe una lista de acciones necesarias para cumplir tu meta y comprométete a realizarlas.

6. Agradece. La gratitud es una parte importante del proceso y puede ayudar a aumentar la efectividad de tus intenciones. Agradecer porque te comprometes por un sueño, porque te sientes merecedor de tus deseos, por la oportunidad de manifestar o por cualquier cosa te venga a la mente. Como ya te comenté, agradecer es una forma de decir «sí», de abrirte a recibir y a que suceda.

SOLSTICIOS Y EQUINOCCIOS

Cuatro veces al año el reloj natural marca un inicio propicio para diseñar el futuro. Se trata de puntos clave en el movimiento solar, anunciando el inicio de una estación. Por el mismo motivo la astrología sitúa el inicio de los signos cardinales cuando tenemos un solsticio o equinoccio. Representan el comienzo de algo fundamental para la naturaleza, diferentes procesos activados por la mayor fuente de luz y calor conocida en la Tierra: el Sol. Los solsticios y equinoccios son momentos ideales para eventos importantes, casamientos, contratos, lanzamientos y, obviamente, para aprovechar la magia de los inicios. Muchas culturas situaron las celebraciones principales para estos cuatro acontecimientos anuales.

Si imaginas el tiempo anual como un reloj y recuerdas la cruz solar que vimos en el primer capítulo, puedes comprender la importancia de las cuatro fases anuales del Sol.

Solsticios

- Solsticio de junio: ocurre alrededor del 20 o 21 de junio y marca el día más largo del año en el hemisferio norte y el día más corto en el hemisferio sur. Inicia el verano en el hemisferio norte y el invierno en el hemisferio sur. El Sol entra en el signo de Cáncer.

- Solsticio de diciembre: ocurre alrededor del 20 o 21 de diciembre y marca el día más corto del año en el hemisferio norte y el día más largo en el hemisferio sur. Inicia el invierno en el hemisferio norte y el verano en el hemisferio sur. El Sol entra en el signo de Capricornio.

Equinoccios

- Equinoccio de marzo: ocurre alrededor del 20 o 21 de marzo y marca el comienzo de la primavera en el hemisferio norte y el otoño en el hemisferio sur. El día y la noche tienen la misma duración. El Sol entra en el signo de Aries y empieza el año astrológico.
- Equinoccio de septiembre: ocurre alrededor del 22 o 23 de septiembre y marca el comienzo del otoño en el hemisferio norte y la primavera en el hemisferio sur. El día y la noche tienen la misma duración. El Sol entra en el signo de Libra.

Encuentra una lista de solsticios y equinoccios hasta el 2050 entrando en los recursos gratis de mi página web: https://lunalogia.com/recursos-libres/astro-data/solsticios-equinoccios/.

Estos cuatro momentos anuales son ideales para marcar una tendencia que quieres que se repita en los meses siguientes. Por lo tanto, es bueno planear algo importante y positivo para ti. Aprovecha y toma acciones que quieres que se transformen en hábitos.

Durante tres días trata de mantenerte enfocado en lo positivo de tu vida, con especial intensidad en el día exacto del solsticio o el equinoccio. Realiza actividades que te inspiren, te relajen o te dispongan en tu mejor estado de ánimo.

Es importante tener en cuenta que los días que poseen fuerte energía de inicios no suelen ser jornadas fáciles. Es común sentir intensidad, y no siempre estamos predispuestos a diseñar un día genial, para poder multiplicar la positividad gracias a su repetición en el tiempo. En general, los días de solsticios y equinoccios están cargados de un extra de energía y de sucesos. Nuestros abuelos hablaban de los resfriados y las fiebres del cambio de estación. Muchas personas suelen enfermar en esos días de gripe, sea por cambios ambientales o por cambios energéticos que suelen pasar desapercibidos a la mayoría. Todo inicio nos confronta con cuánto espacio hicimos en el final precedente: un tema fundamental que veremos en detalle en el capítulo acerca del principio de destilación. Si no hemos procesado el cierre de ciclo previo en un nivel psicológico y emocional, el proceso suele pasar al nivel físico para resolverse.

Ley de gestación

La semilla se prepara para germinar por un lapso de tiempo en el que pareciera que nada está pasando. La ley de gestación indica que al comienzo no se nota lo que está aconteciendo, aunque el proceso ya se ha iniciado. Cuando inviertes energía en los nuevos comienzos, debes considerar que todo requiere su tiempo. Hay veces que las cosas se manifiestan rápidamente, sorprendiéndonos, mientras que por lo general cualquier realidad necesita un tiempo determinado para gestarse. Si planto una semilla y al día siguiente observo la tierra, esperando un resultado, tal vez crea que la semilla no era buena, o que algo falló en el proceso. Pero en realidad, para verla surgir de la tierra, necesito darle solo un poco de tiempo. Tenlo en cuenta cuando decidas manifestar nuevas realidades.

El principio de reiteración te enseña que:

- Todo se repite a sí mismo de diferentes formas.
- Los inicios son ideales para implantar patrones positivos.
- Tus creencias crean por ti.
- Para diseñar la vida que deseas, usa los inicios y lo lograrás con menos esfuerzo.

Cómo aprovechar el principio de reiteración:

- Usa los inicios a tu favor para influenciar el ciclo entero de forma positiva.
- Indaga acerca de tus creencias: lo que crees tiende siempre a manifestarse.
- Aprovecha los momentos en los cuales tu subconsciente es permeable: los primeros minutos cuando despiertas y los últimos antes de dormir.

El principio de
proyección

La fluctuación de los ciclos suele mostrarnos aquello que está ahí pero no podemos ver. Con su oscilación nos permite reconocer aquellas partes iluminadas y oscuras de nosotros mismos. En las lunas negras vemos nuestras sombras, y en las lunas blancas, nuestras luces. Se suelen atribuir esas luces y sombras a las experiencias, cuando en realidad vemos nuestro reflejo proyectado.

Contemplamos el mundo como somos, no como realmente es. La perspectiva que tomamos ante la vida define el tipo de experiencia que tendremos. Lo primero que es proyectado será siempre la sombra negada. Esa parte que nos asusta de nosotros mismos y rechazamos. Aunque también la luz se proyecta, y los seres humanos suelen temer más a su parte luminosa que a su parte oscura.

Integrar este principio te permite descubrir tus partes negadas y cambiar la narrativa, retomando el control de la historia de tu vida.

La Luna, cual espejo mágico, refleja los rayos del Sol. Proyecta la luz que recibe y desde la Tierra la vemos, a veces desbordando luminosidad, otras sumida en la oscuridad. No la vemos como realmente es: ella siempre posee una porción iluminada y otra oscura. Vemos la Luna y todo lo demás según nuestra perspectiva. Desde el punto de vista físico, la perspectiva depende del lugar desde donde se observa. Desde el punto de vista psicológico y emocional, la perspectiva depende de las creencias y de la flexibilidad del individuo. Desde el «lugar» donde apreciamos la vida y damos un significado a las experiencias. Cuanto mayor es nuestra capacidad de observar cada cosa desde diferentes perspectivas, mayor será la comprensión a la que accedemos.

A mayor flexibilidad, mayor capacidad de acceder a nuestra sombra y nuestra luz.

Desde el punto de vista físico, una sombra siempre es proyectada desde el cuerpo. Emocionalmente sucede algo muy similar: proyectamos una sombra desde nuestro «cuerpo emocional». En la «sombra» yacen todas aquellas experiencias, miedos, traumas y también cualidades que no aceptamos. Una de las fuerzas más destructivas de la sombra es el rechazo a las partes negadas de nosotros mismos. Áreas de nuestro ser que necesitan aceptación y amor, no más rechazo. Y qué irónico que sea justamente el miedo al rechazo lo que provoca que rechacemos áreas de nosotros mismos. Somos seres sociales biológicamente diseñados para amar y ser amados. Cuando identificamos en nosotros una cualidad que no es aceptada o validada, tratamos de ocultarla, y lo logramos muy bien, escondiéndola hasta de nosotros mismos, en lo profundo de la sombra inconsciente. Todo aquello que nos hace sentir indignos de ser amados debe ser ocultado en las oscuras profundidades del ser. Pero, en esa parte tan íntima y honda del alma, también está nuestra esencia, los cimientos de nuestra existencia, la matriz individual desde donde se gestan todas nuestras expresiones y experiencias. Por lo tanto, ahí en lo oculto están nuestras leyes, nuestros fundamentos, los parámetros perimetrales de nuestra existencia. En la sombra no solo se encuentra aquello que negamos, también todo el poder al que renunciamos para encajar en el mundo y ser aceptados. La clave de la validación plena de uno mismo yace en la aceptación de la propia sombra: quien consigue ver sus partes negadas y aceptarse tal y como es, encuentra un nivel de amor propio real, estable, definitivo. Cada ser humano recorrerá este camino, proyectando sus sombras afuera para poder reconocerlas e integrarlas. Si no lo consigue vivirá con una sensación de no ser aceptado o, peor, no ser digno de ser amado. Esconderá aquello que rechaza de sí para que nadie lo pueda ver, pero especialmente para no verlo él mismo, haciendo un gran esfuerzo para sostener una fachada que lo aprisiona. Actuando como si el vacío y la falta de significado que genera la desconexión con sí mismos no existiera, aunque sea insoportable.

> **Lo triste de la enorme fortaleza del ser humano es que puede soportar aquello que debería ser humanamente insoportable.**

Pero bien, existe una salida a la luz. Se diseña en un sendero que debe recorrerse en la oscuridad, con los ojos cerrados, para poder ver adentro. Todo lo que anhelamos (ser felices, estables emocionalmente, libres del miedo, conocer nuestro propósito y acceder a nuestro potencial) yace en los poderosos meandros de nuestra sombra. Es ahí donde están los bloqueos que impiden conseguir aquello que deseamos.

¿QUÉ ES LA SOMBRA?

«Hasta que lo inconsciente no se haga consciente, el subconsciente seguirá dirigiendo tu vida y tú lo llamarás destino».

Carl Gustav Jung

Todo aquello que niegas y rechazas de ti tiene mucha fuerza y tiende a tirar de los hilos invisibles que dirigen tu existencia. Relaciones, situaciones y experiencias transformadoras y difíciles suelen elegirse desde la sombra inconsciente. Un mecanismo sofisticado de evolución y búsqueda de liberación profundos. Como no comprendemos este mecanismo, **nuestro destino se traza desde la sombra**, no desde la consciencia. Porque **el destino no está escrito, lo estás redactando en este momento**. La mayor parte del control sobre lo que te pasa no yace en tu estado consciente. **Tu control real está en la sombra: es tu inconsciente el que dirige tu vida.**

La sombra es un concepto poderoso que hace alusión a todo aquello que no ves o no aceptas de ti.

TU SOMBRA ESTÁ PRESENTE EN:

- Acciones o comportamientos que reprimes o no percibes.
- Partes de tu cuerpo o impulsos primordiales que no quieres sentir o que rechazas.
- Pensamientos que no aceptas o percibes como propios.
- Emociones que rechazas y censuras.

Desde que Carl Gustav Jung integró en la psicología el concepto de sombra, abrió un portón donde los magos y las escuelas iniciáticas ya habían abierto ventanales. Lo más interesante es que reveló a la humanidad que en el lado oscuro no solo yacen aquellos impulsos que nos avergüenzan; también características nobles y valiosas.*

En la sombra escondes todo aquello que consideras no digno. Lo que piensas que será rechazado por los demás. Lo que te avergüenza. Lo que no pudiste procesar, sentir, resolver. Y también las partes de ti que no percibes y ves reflejadas en los demás. Ahí también yace tu poder y tu potencial.

Aquello que no quieres ver se guarda en las habitaciones de tu templo a las que pierdes acceso, renunciando a tu espacio sagrado.

Todos tienen un tapete especial debajo del cual van barriendo aquello que no debe mostrarse y tiene que permanecer oculto, dando la ilusión de que no existe. Es como tener áreas de tu templo llenas de trastos inútiles cubiertos de polvo. Ocupan tu espacio aunque no deberían estar ahí. Simplemente no supiste qué hacer con ellos o no quieres sacarlos, para no tener que volver a verlos. Emociones no sentidas, recuerdos desagradables, experiencias dolorosas, traumas, miedos, complejos, etc., quedan ahí, ocupando lugar en tu interior, quitándote energía.

Hay personas que han evitado tanto sentir que han saturado su interior. La frase «estoy hasta el cuello» lo define perfectamente. Caminan por la vida arrastrando pesos enormes, tratando de huir de lo que mantienen cautivo dentro suyo.

Mantienen la atención en cualquier cosa que pueda anestesiar las sensaciones, los pensamientos y las emociones amenazadoras que llevan dentro. Ver la televisión, comer de más, abusar de sustancias, jugar a videojuegos o cualquier

*«Si hasta el presente se era de la opinión de que la sombra humana es la fuente de todo mal, ahora se puede descubrir en una investigación más precisa que la sombra no solo consiste en tendencias moralmente desechables, sino que muestra también una serie de cualidades buenas, impulsos creadores, etc.».
Carl Gustav Jung, *Aion*, 1951, pág. 379 y siguiente.

cosa que los distraiga, que los aleje de sí mismos para no sentir. Somos seres muy curiosos los seres humanos: aquello que evitamos enfrentar se presentará con más fuerza en nuestras vidas. Simplemente porque se acumula, y tarde o temprano se muestra, como una montaña que parece insuperable. Estos momentos desesperantes poseen la solución a los peores problemas: existe la oportunidad de pararse enfrente de ese cúmulo de sombras y alumbrarla con la luz de la consciencia; descubrir que ni el miedo, ni la tristeza, ni el dolor nos matan. Lo que sí nos mata en vida es justamente la negación de lo que tenemos dentro. El rechazo de partes de nosotros que genera una disociación y un alejamiento de nosotros mismos.

Una vez que lo enfrentamos, corre, vuela, fluye, sale, se va.
Y podemos volver a caminar ligeros y radiantes. Renacer libres.
La sombra solo quiere que la mires. Que la reconozcas, la
aceptes. Que con el calor de tu corazón la abraces, para sanarla
y sanarte. Que con la luz de tu consciencia la ilumines y la
liberes. Para iluminarte y liberarte tú también.

EL CONCEPTO PSICOLÓGICO
DE PROYECCIÓN

«Aquellos que no aprenden nada de los hechos desagradables de sus vidas fuerzan a la consciencia cósmica a que los reproduzca tantas veces como sea necesario para aprender lo que enseña el drama de lo sucedido».

Carl Gustav Jung

Observar lo que proyectas es uno de los mecanismos más eficaces para descubrir tu sombra. Cuando algo te hace enojar de forma desmedida, te obsesiona, te hace reaccionar a despropósito, probablemente es la sombra que se mueve dentro de ti para que la veas y la ilumines. Un patrón repetitivo indica claramente una gran sombra negada.

(**Tiendes a reflejar fuera lo que no puedes aceptar dentro. No solo proyectas partes negativas, también puedes hacerlo con tus áreas luminosas.**)

En un análisis de la carta natal se vuelve evidente que cada persona tiende a albergar características contrastantes. Por ejemplo, puede que una persona *necesite* mucha estabilidad y al mismo tiempo *desee* tener constantemente nuevas experiencias. O tal vez emocionalmente sea profunda y transformadora mientras mentalmente se aferre a mantener todo claro y bajo control. Esto desata conflictos interiores que suelen reflejarse en el exterior, ya que solemos externalizar aquello que no podemos ver o procesar internamente. Descubrir estos conflictos y encontrar un equilibrio entre áreas diferentes de la personalidad puede llevar años de experiencias. En cambio, si se identifica el conflicto se puede aceptar y procesar sin que se proyecte en relaciones o experiencias que generan tensión.

Encontrar equilibrio y mediación entre las dos partes de la personalidad. Y de esta forma ahorrar años de conflictos en relaciones personales.

Pongamos como ejemplo una mujer que es muy libre e independiente y al mismo tiempo anhela una relación de pareja de mucho compromiso y estabilidad. Para su mente lógica es difícil aceptar su naturaleza ambivalente. Si en las relaciones de pareja es al mismo tiempo libre y comprometida, ella elegirá un rol, proyectando el otro. Aceptará la parte de sí misma que es menos amenazadora a su autoconcepto o que es más aceptada por su grupo familiar o cultural. En el caso de que se perciba como una mujer comprometida que quiere una relación estable, de forma inconsciente atraerá personas ya comprometidas, que viven lejos o que no quieren un compromiso.

Mientras que si ella se percibe como una mujer independiente y libre, que no quiere tanta unión, atraerá parejas controladoras, dependientes, celosas o con las que siempre sienta que tiene que luchar por su independencia.

En ambos casos, la parte negada, la sombra, conspira desde el inconsciente para mostrarse y salirse con la suya. De esa forma se proyecta al exterior para ser reconocida. Ten en cuenta que todo lo que está activo a nivel inconsciente tiene más fuerza en nuestras vidas y suele influenciar nuestras experiencias mucho más que nuestra mente consciente.

Cuando se usa la consciencia para analizar los propios niveles de experiencia y se aplican herramientas de autoconocimiento, el juego cambia. El hecho de hacer consciente lo inconsciente lo mueve de nivel, le quita fuerza y permite encontrar aceptación y equilibrio desde otro lugar. Básicamente es tomar tu destino en tus manos y dejar que lo negado siga determinando tus experiencias. Usando la claridad de tu consciencia para desenmascarar el mecanismo de la sombra retomas tu poder y la libertad de elegir tu camino. Puedes apoyarte en un psicoterapeuta para comprender mejor estos mecanismos interiores, o usar técnicas de autoconocimiento como la escritura.

Que tu sombra se manifieste en experiencias difíciles y dolorosas no te hace culpable de ello. La mayor parte de tus zonas negadas surgen de patrones familiares y culturales. Se niega aquello que no es validado, por necesidad de ser aceptado y amado, en una etapa temprana de la vida. Todo en este universo tiene una motivación primordial amorosa, y la sombra no es la excepción. Parte de tu sombra refleja una sombra colectiva: se rechaza lo que es rechazado por el clan, el grupo familiar, el país, etc. No se trata de culparte, esto solo hace que tu sombra crezca. Se trata de que incorpores la consciencia de que explorando tus sombras puedes retomar el poder que te fue negado.

LA PROYECCIÓN DE LAS LUNAS NEGRAS Y BLANCAS

La fluctuación natural de los ciclos es como una alta y baja marea de la consciencia. En Luna blanca subimos hasta la límpida consciencia, mientras que en Luna negra descendemos hasta tomar contacto con el poderoso nivel subconsciente e inconsciente. Es durante las lunas negras cuando se hace visible todo aquello que escondimos por debajo del velo de lo consciente. En cambio, en las lunas blancas la consciencia se vuelve nítida y podemos observar aquello que ya estaba claro en un nivel superior de nuestra mente, al que no siempre accedemos.

> Somos como la Luna, que se ilumina y se oscurece. Y esto hace evidente que lo oscuro no es lo malo, sino desconocido o ignorado. Pero no solemos ver lo que es, solo vemos una imagen proyectada.

En su libro *La República*, Platón hace una alegoría filosófica conocida como «la caverna de Platón». En la alegoría, el filósofo describe a un grupo de personas que han vivido toda su vida en una cueva, encadenados y forzados a mirar hacia una pared en la que solo ven sombras proyectadas por una luz que se emite por detrás de ellos. Estas sombras son su única verdad y creen que ese es el mundo real. Un día, uno de los prisioneros es liberado y sale de la cueva. Al principio, la luz del Sol lo ciega y le resulta difícil aceptar que lo que está viendo es la realidad. Pero poco a poco se adapta y comienza a ver la verdadera naturaleza de las cosas. Finalmente, regresa a la cueva para liberar a sus compañeros y mostrarles el mundo real. Pero los prisioneros, acostumbrados a las sombras, no pueden aceptar lo que les dice y lo consideran loco y peligroso. La historia de la cueva de Platón es una metáfora de la búsqueda del conocimiento y la verdad. Platón ar-

gumenta que la mayoría de las personas solo ven una realidad limitada y distorsionada, y que, para comprender la verdadera naturaleza de las cosas, es necesario liberarse de las limitaciones de la percepción sensorial y buscar la verdad a través de la consciencia.

Todos vivimos en esa caverna, viendo sombras reflejadas que interpretamos como la realidad. Las sombras que reflejamos suelen ser nuestras. Sin embargo, también reflejamos luces, igual que mamá Luna.

Las lunas negras y blancas del ciclo son ideales para observar aquello que suele estar presente en lo oculto del subconsciente o en la luz del consciente, y se refleja en nuestras experiencias en estos dos momentos poderosos.

EL MIEDO A TU LUZ

La sombra mayor se gesta en una etapa muy temprana, cuando acabas de descubrir tu amplio potencial. Tu meta es aprender a ser como los demás y copiar todos los mecanismos y actitudes para poder encajar, ser validado y amado. Hasta ese momento eras un ser sin condicionamiento, puro y espontáneo, con un potencial intacto. Las capacidades únicas con las que viniste al mundo deben moldearse para conseguir responder de la mejor forma a lo que se espera de ti. Aprender a caminar, a hablar, luego a escribir, a sumar, etc., es lo que el mundo te demanda. Pero para ser aceptado debes ser como los demás, y sueles pasar las primeras dos décadas de tu vida en la búsqueda de ser parte del grupo, siendo lo más parecido posible al modelo propuesto. En esos años se gesta en ti lo que se conoce como «complejo de Jonás»: el miedo a tu propia grandeza. Este mecanismo, descrito por Abraham Maslow, pionero de la psicología humanista, indica cómo el ser humano tiende a mantener en la sombra sus capacidades especiales.

> Es interesante considerar el complejo de Jonás dentro de la propia sombra, para comprender cómo no solo rechazas lo que consideras malo, también aquello que crees que es demasiado bueno en ti.

Como este rechazo queda activo en el inconsciente, puedes autosabotear situaciones que consideras por encima de tus expectativas, aunque representen algo que conscientemente deseas y trabajas por conseguir. Simplemente considerarlo abre el juego a que te observes y te preguntes si te sientes amenazado por tu potencial de crecimiento y superación. Krishnamurti dijo que no tememos el cambio, porque no podemos temer algo que no conocemos. Tememos dejar de aferrarnos a lo que conocemos, aunque no sea tan bueno como lo que el cambio promete. Solemos temer dejar lo conocido y enfrentar toda la responsabilidad que requiere ser exitosos, poderosos y felices. Pero, si intervienes en este miedo con la consciencia, puedes preguntarte cuál es el coste de quedarte donde estás, sin acceder a tu potencial creativo y expresivo. Sin permitir que tu luz brille, sin compartir tu visión y capacidades con el mundo. Ayudando a que gracias a tu ejemplo más personas puedan ser libres de compartir su propia luz. Esto revela que la sombra tiene mucha luz cautiva. Pide que explores en lo más oscuro de ti, para que la liberes y te liberes.

> De la misma forma que se proyecta la sombra, también se proyecta la luz: todas tus características nobles sueles verlas reflejadas en tu alrededor. Las personas tienden a pensar que todos son como ellas.

Por ejemplo, un individuo que posee la virtud de la honestidad tenderá a creer que todos los demás son naturalmente honestos. Del mismo modo, las personas que creen en la naturaleza benévola de los seres humanos proyectarán esa bondad en los demás. Lo curioso de este juego de proyección es que, creyendo que todos son esencialmente buenos u honestos, el individuo tenderá a estimular en los demás estas características, inspirando a los demás a incorporar esa luz.

Identificar la propia sombra es un proceso profundo que requiere autorreflexión y autoobservación.

AQUÍ HAY ALGUNOS PASOS QUE PUEDES SEGUIR PARA IDENTIFICAR TU PROPIA SOMBRA:

1. **Presta atención a tus reacciones emocionales, especialmente durante la fase de la Luna negra.**
   La sombra suele estar asociada a emociones que te incomodan o que preferirías no sentir, como la ira, la envidia, la tristeza o la vergüenza. Cuando sientas alguna de estas emociones, pregúntate si hay alguna parte de ti que esté siendo proyectada hacia otra persona o situación.

2. **Examina tus prejuicios y juicios.** Todos tenemos prejuicios y juicios sobre las personas y las situaciones, pero a menudo estos prejuicios y juicios reflejan aspectos de nuestra propia sombra. Pregúntate qué es lo que te molesta de alguien y si esto podría estar reflejando algo en ti que no quieres reconocer.

3. **Presta atención a tus sueños:** pueden ser una fuente valiosa de información sobre tu sombra, ya que a menudo representan aspectos de tu personalidad que están en conflicto o que no estás reconociendo. Intenta recordar tus sueños y reflexiona sobre los personajes y las situaciones que aparecen en ellos.

Es importante recordar que el proceso de identificación de la sombra puede ser difícil y a veces doloroso, ya que puede requerir que reconozcas aspectos de tu personalidad que preferirías no enfrentar. Sin embargo, este proceso podría ser muy valioso para tu crecimiento personal y para tu capacidad de relacionarte con los demás de una manera más auténtica y saludable.

Escribir un «diario de sombra» es tremendamente revelador. Además, se trata de una herramienta útil para explorar y trabajar con aspectos de tu personalidad que te cuesta reconocer o que simplemente desconoces.

TE DEJO ALGUNOS PASOS QUE PUEDES SEGUIR PARA CREAR TU DIARIO DE SOMBRA:

1. Decide el momento adecuado en que cada día escribirás en tu diario de sombra. Puede ser por la mañana o por la noche, antes de ir a dormir. En estos momentos sueles estar más en contacto con tu subconsciente, lo que ayudará en el proceso. En caso de hacerlo en otro momento del día, también está bien, siempre que te comprometas a llevar tu diario.
2. Escribe cualquier pensamiento o sentimiento que te haga sentir incómodo o que te genere sensaciones complejas y difíciles. Esto puede incluir emociones como la ira, el resentimiento, la envidia, la tristeza o la vergüenza, así como cualquier comportamiento o acción que te genere rechazo.
3. Sé lo más específico posible en tu escritura. Describe detalladamente tus pensamientos y emociones.
4. Después de escribir en tu diario, reflexiona sobre lo que has escrito y trata de identificar patrones o temas comunes. ¿Hay algún aspecto de tu personalidad que esté apareciendo con frecuencia en tu escritura? ¿Qué puedes hacer para trabajar en esa parte de ti?
5. Finalmente, sé amable y compasivo contigo mismo mientras trabajas en tu diario de sombra. Reconocer y aceptar aspectos de tu personalidad que prefieres no ver puede ser un proceso difícil y doloroso, pero también es un paso importante para el crecimiento y el desarrollo personal.

Recuerda que trabajar con tu sombra es un proceso continuo y que lleva tiempo. Sin embargo, al hacerlo, puedes mejorar tu relación contigo mismo y con los demás, y vivir una vida más auténtica y plena.

En caso de no querer dedicar tanto tiempo a un diario de sombra, puedes usar solo los días de la Luna negra cada mes.

LA PROYECCIÓN DEL CICLO HORMONAL FEMENINO

Con la fluctuación cíclica de luz y sombra experimentamos una fluctuación de la consciencia que solemos atribuir a lo que vemos proyectado. Para comprender mejor este concepto analizaremos un ciclo natural tan sublime como incomprendido: la menstruación. El ciclo se desarrolla en nosotros también en un tictac hormonal del cual no podemos prescindir. La pulsión de la vida marca el ritmo de capacidades y actitudes a través de la regularización de las hormonas disponibles en la sangre. Menstruación y menopausia son dos de los estados hormonales más destacados de nuestras vidas, aunque tienden a ser poco comprendidos. Estos ciclos nos revelan secretos poderosos acerca de todos los ciclos naturales y pueden ampliar el conocimiento de los mismos. Por lo tanto, tanto si los estás experimentando como si no, son sumamente relevantes, ya que seguramente convives con mujeres que los transitan.

La sangre menstrual, o la ausencia de ella, suele ser vivida con incomodidad. O por las molestias que ocasiona menstruar o por la ansiedad de dejar de hacerlo cuando llega la menopausia. No solemos honrar nuestros ciclos si no aguantarlos. Pero quiero proponerte una mirada diferente.

UN SUPERPODER

S angrar durante algunos días al mes no es poca cosa.
Es un superpoder. Un proceso de purificación profundo y transformador.

> El cuerpo elimina el tejido que no servirá para crear
> nueva vida y junto con ello aprovecha para librarse de
> toxinas e iniciar un nuevo ciclo.

Como cada inicio de ciclo, la menstruación posee un cierre previo que confronta con los excesos y carencias, sean mentales, emocionales o físicos. Las mujeres que experimentan dolor de vientre suelen comer alimentos que las inflaman o sentir emociones no procesadas y bloqueadas durante el ciclo. Las que tienen dolor de espalda pasan muchas horas sentadas o cargar con demasiadas responsabilidades. Y las que tienen dolor de cabeza a menudo tienen demasiado estrés o pasan un número excesivo de horas enfrente del ordenador.

> El síndrome premenstrual es una Luna negra donde
> la sensibilidad está al máximo y se procesan los excesos
> y las carencias del cuerpo.

Recuerdo haber escuchado muchas veces a mujeres mayores repetir: «Prepárate, porque cada año se pone peor», refiriéndose a los síntomas asociados al síndrome premenstrual y la menstruación. Solo que no son síntomas de la menstruación, son síntomas de la vida misma. Asociar esos síntomas al ciclo es una proyección. Por este motivo, escuchar a las mujeres repetir que la menstruación será peor cada año siempre me causó tristeza. Indica que cada año acumulan más toxinas, más pesos, más estrés, más tensiones.

> **Y culpan a la menstruación, cuando esta solo se dedica, como la Luna negra, a sacar a flote los excesos y carencias y a purificarlos. A sanar el cuerpo y llevarse los pesos. Y a mostrarlos en un juego de proyección.**

Hace un par de décadas me encontraba estudiando un método revolucionario de medicina complementaria que se basa en la gestión de los niveles de experiencia. Uno de mis profesores, un señor mayor con cara de sabio, me miraba con ojo clínico durante la lección, como sabiendo qué me estaba pasando. Su cara decía algo así como «ay, niña, si supieras». Al finalizar la clase me quedé para intercambiar unas palabras con él, algo me decía que tenía información valiosa para compartir. Antes de que pudiera preguntarle algo, me soltó: «Estás menstruando, ¿verdad? No sabes qué hacer con tanta energía». Creo que mi expresión se desencajó por completo. Sí, estaba menstruando. No, no sentía que tuviera nada de energía. Es más, me sentía totalmente drenada y en lugar de moverme me arrastraba. Sin que dijera nada, él siguió: «La menstruación es el momento más poderoso de la mujer. Tu energía fluye con más fuerza, por eso sientes los bloqueos. Ahí donde duele hay energía estancada. Es como el cauce del río creciendo: los troncos y las piedras grandes que impiden la corriente están siendo arrastrados y esas son tus molestias. Recuerda, tu energía es muy poderosa cuando menstrúas».

Quedé sin palabras y solo alcancé a decir: «Muchas gracias, maestro».

Desde ese día cada vez que llegaba mi ciclo me observaba detalladamente. ¿Cuáles eran mis molestias? ¿Qué excesos y carencias se habían acumulado durante el mes? ¿Qué tenía que cuidar más según lo que me indicaban los «síntomas» de mi ciclo?

Por un par de años llevé un registro y el patrón quedó expuesto:

Si por un mes tenía mucho estrés o pasaba mucho tiempo enfrente del ordenador, me daba dolor de cabeza.

Si no dormía lo suficiente, cansancio extremo.

Si no cuidaba mi alimentación o si me desconectaba de las emociones difíciles de procesar, dolor de vientre.

Había meses donde la molestia era muy específica: dolor y cansancio en las piernas por haber estado de pie demasiadas horas, por ejemplo. No había molestia cuya fuente no pudiera reconocer en las tres semanas previas. Lo mismo sucedía a nivel emocional. Si había evitado enfrentar la tristeza, la angustia u otra emoción difícil, solía presentarse con fuerza.

La menstruación, con los años, se volvió el termómetro de mi salud integral. Cada vez que llega, disfruto al sentir que me purifico y que tengo la oportunidad de mejorar la gestión de mi cuerpo, mi mente y mis emociones. Ahora sé que expone lo que no estoy viendo.

Con los años experimenté muchos métodos de autocuidado y salud a través del movimiento, la alimentación y las plantas. Así descubrí que los meses que cuidaba mucho mi alimentación, y mi cuerpo estaba relajado y flexible por mis prácticas de yoga, no tenía absolutamente ninguna molestia al menstruar. Simplemente un poco más de sueño el día previo y eso era todo. Nada de dolores de cabeza o de vientre, ni de mal humor o tristeza. En esos meses mi menstruación duraba muy poco, la mitad de los días que suelo menstruar. No había mucho que purificar. El cauce del río subía, pero no había troncos o piedras que bloquearan la corriente.

Mi profesor me había revelado un secreto valiosísimo: la menstruación sube el flujo de energía interior, y eso permite que los bloqueos sean disueltos. Por eso duelen: se están yendo. En lugar de reconocer que hay una purificación en curso y una mayor claridad de lo que tratamos de ignorar, se suele pensar que esos síntomas son propios del ciclo. Un claro ejemplo de proyección, ya que durante la menstruación no sentimos sus síntomas, sino los efectos de los excesos y carencias en nuestros hábitos.

Miranda Grey, autora de *Las 4 fases de la luna roja*, identifica 4 momentos del ciclo menstrual y describe ampliamente cuáles son las actitudes que solemos tomar en cada una de ellas. Que todo ciclo natural se divide en 4 fases ya lo sabías. Pero ¿cuáles son esas actitudes, tan diferentes entre ellas?

En el ciclo menstrual tenemos dos momentos de culminación, la menstruación y la ovulación, y dos momentos de equilibrio, la fase premenstrual y la fase preovulatoria.

Las fases del ciclo menstrual y su efecto según Miranda Grey:

Menstruación - Luna nueva

Esta fase comienza con el primer día de la menstruación y dura aproximadamente de 3 a 7 días. Durante esta fase, los niveles de hormonas como el estrógeno y la progesterona son bajos, lo que puede hacer que te sientas más introspectiva y cansada. Es una época para descansar y rejuvenecer el cuerpo y la mente.

Preovulación - Cuarto creciente

Esta fase comienza después de la menstruación y dura aproximadamente de 7 a 10 días. Durante esta fase, los niveles de hormonas como el estrógeno comienzan a aumentar, lo que puede aumentar la energía y la creatividad. Es una época para enfocarse en la planificación y la preparación para el futuro.

Ovulación - Luna llena

Esta fase comienza alrededor del día 14 del ciclo menstrual y dura aproximadamente de 3 a 4 días. Durante esta fase, se produce la ovulación y los niveles de hormonas como el estrógeno están en su punto más alto. Puede aumentar la confianza y la capacidad de comunicación, y es una época para conectar con los demás y explorar nuevas posibilidades.

LUNA LLENA

CUARTO MENGUANTE

Luna llena
Ovulación

Cuarto
creciente
Preovulación

CUARTO CRECIENTE

Cuarto
menguante
Premenstrual

Luna nueva
Menstruación

LUNA NUEVA

Premenstrual - Cuarto menguante

Esta fase comienza después de la ovulación y dura aproximadamente de 10 a 14 días. Durante esta fase, los niveles de hormonas como el estrógeno disminuyen y la progesterona aumenta, lo que puede llevar a cambios de humor, fatiga y sensibilidad emocional. Es una época para reflexionar sobre lo que se ha aprendido durante el ciclo menstrual y prepararse para la próxima fase menstrual.

Cuando analizamos esta información relacionada con la naturaleza de los ciclos, es necesario considerar que el comienzo del sangrado en la mujer suele experimentarse aún como una Luna negra. Si tenemos en cuenta la división natural del ciclo lunar, donde se considera la luna nueva justo cuando es visible en el cielo, toma mayor sentido esta división. La Luna negra desde esta perspectiva son los días de síntomas asociados a la menstruación, los previos al momento del sangrado y el primer par de días de menstruación.

Dos semanas después del primer día de menstruación, la mujer ovula y se presenta la fluidez y la alta energía de la luna llena: todo conecta y sucede con más facilidad y existe una energía extrovertida que permite que el contacto y la

Hécate y sus tres caras

La división en 3 fases lunares se asocia a una antigua diosa griega vinculada a la Luna, la magia, la brujería y la noche. Conocida como Hécate, viene representada con tres caras que representan las fases lunares y sus tres arquetipos femeninos: la doncella, la madre y la anciana.

La primera cara de Hécate es la doncella, que representa la luna nueva/creciente. Esta fase lunar se asociaba antiguamente con la juventud, la energía y el crecimiento. Como doncella, Hécate simboliza la pureza y la inocencia, pero también la fuerza y la determinación. Esta parte de la figura lleva una daga en sus manos, que representa el poder de abrir un nuevo camino cortando la maleza.

La segunda cara de Hécate es la madre, que representa la luna llena. Esta fase lunar se asociaba con la fertilidad, la maternidad y la abundancia. Como madre, Hécate era una diosa protectora y nutricia que cuidaba a los suyos y los guiaba en los viajes. En sus manos lleva una antorcha, como representación de la luz lunar que en luna llena nos permite ver en las sombras.

La tercera cara de Hécate es la anciana, que representa la luna menguante/negra. Esta fase lunar se asociaba con la sabiduría y la introspección. Como anciana, Hécate simboliza la muerte y el renacimiento, así como la capacidad de dejar ir lo viejo y abrazar lo nuevo. En sus manos lleva una llave, indicadora de la clave de los misterios que podemos desvelar en las lunas negras.

realización exterior sean naturales. Nuevamente solemos experimentar una proyección, ya que no es el mundo externo el que está más disponible.

> **Más bien somos nosotras las que poseemos una energía extrovertida y activa que hace posible una mejor conexión y una mayor fluidez en la vida social y profesional.**

Demetra George hace un análisis diferente de las fases lunares asociadas a la menstruación y la sitúa como equivalente a la fase negra de la Luna. Ella divide el ciclo lunar y menstrual en 3 fases, como también las fases de la vida de la mujer. Es una forma simplificada del ciclo que permite una mejor comprensión la dinámica lunar y femenina. Este modelo es ideal para estructurar también nuestras rutinas, si deseamos hacerlo de una forma más simple.

La menopausia

Muchas mujeres se preguntan qué sucede cuando el ciclo menstrual se detiene y entran en menopausia. La menstruación es lo que nos permite realizar el acto de creatividad más sublime: dar vida a un ser humano. Cuando concluye, la mujer posee experiencia y sabiduría y es llamada a usar su enorme creatividad en áreas más intelectuales o sociales. Sus actitudes y su consciencia siguen fluctuando junto al ciclo lunar y los demás ciclos naturales, pero ya no depende de las hormonas de la misma forma.

> «En su primer sangrado, la mujer encuentra su poder.
> Durante cada sangrado, la mujer practica el poder.
> Cuando el sangrado concluye, la mujer se convierte en el poder».
> **Dicho nativo americano**

Este dicho nativo americano nos dice que al comenzar la menopausia la mujer se transforma en el poder. Cuando analizamos el ciclo de vida, teniendo en cuenta una duración óptima de 80 años, podemos asociar cada década a una de las fases lunares. En este caso la fase de la luna llena equivale a los 40 años, donde la mujer llega a su plenitud, edad en la que suele acercarse a la menopausia. Esta es una fase de aprovechamiento de lo realizado previamente, donde se recogen los frutos de la cosecha y se celebran los logros. Lamentablemente, el paradigma actual no valora lo suficiente la sabiduría y la mayor edad, y muchas mujeres suelen sentirse perdidas por el cambio de significado que enfrentan. La menopausia anuncia una etapa donde la mujer puede finalmente aprovechar su sabiduría y su creatividad en aquello que la apasione, inspirando y compartiendo con el mundo

El ciclo lunar y menstrual segun Demetra George

CUARTO MENGUANTE Y NEGRA

LUNA LLENA

LUNA CRECIENTE

Menstruación

Ovulación

Fase folicular

CUARTO MENGUANTE Y NEGRA

LUNA LLENA

LUNA CRECIENTE

La anciana

La madre

La niña

todo lo que ha aprendido. Ella finalmente se transforma en el poder de creación, intelectual o práctico. Si mantiene vivas sus pasiones, será fuente de aprendizaje, inspiración y una guía luminosa.

Es útil utilizar el ciclo menstrual de la misma forma en que se usa el ciclo sinódico que va de una luna nueva a la siguiente. Posee las mismas características y permite que observes cómo fluctúa tu energía. Además, te entrega un resumen poderoso sobre cómo cuidas tus necesidades físicas y emocionales.

UN MOMENTO LIBRE
DE SOMBRAS

Cuando el Sol se encuentra en el meridiano, al mediodía, las sombras desaparecen. Este es un momento luminoso que se suele usar en astrología eleccional, la rama que designa el mejor momento para emprender una acción. El mediodía siempre anuncia un momento ideal para logros sociales, profesionales y de crecimiento del individuo. Mandar un correo o tener una cita a esa hora es siempre una buena idea para aprovechar este momento. También solemos usar la Luna en el zenit (lo que se conoce como medio cielo o MC en astrología, el punto más alto del cielo). La Luna en esta posición designa la exposición y la visibilidad. Se suele usar para llamar la atención sobre algo: una publicación, una publicidad o una comunicación que quieres que tenga una amplia repercusión. La Luna llega al punto más alto en diferentes horas según su fase (ver tabla), y no solo llama la atención sobre todo lo que se realiza en ese momento. También nos impulsa a levantarnos, a movernos, a salir, a conectar.

Algunas personas tienen dificultad para dormir con la Luna en el zenit y suelen despertarse de noche entre la luna llena y el cuarto menguante sin saber por qué.

El planeta considerado más benigno en el zenit es Venus. La diosa del amor, el placer y el dinero permite disfrutar de algunos minutos de éxito garantizado cada día. Se lo conoce como «momento irresistible» y es uno de los mejores secretos de la astrología. Durante tres minutos al día, Venus se encuentra tocando el punto más alto del cielo, anunciando que las propuestas realizadas en esos

Para saber cuándo sucede el momento irresistible en tu ciudad, necesitas una aplicación o programa de astrología que te permita calcular el momento exacto en el que Venus se encontrará en el MC (medio cielo). Existe la posibilidad de calcular este momento usando el sitio astro-week.com en su versión en inglés y accediendo al área de astrología eleccional (https://horoscopes.astro-seek.com/calculate-election-chart-5/?).

momentos son justamente irresistibles. Estos tres minutos cambian cada día, según el lugar geográfico donde te encuentres, y cada día varían aproximadamente en un minuto. Por ejemplo, si hoy Venus se encuentra en su momento irresistible a las 15.00 horas, mañana lo hará a las 15.01, y así sucesivamente.

Ten en cuenta que sea el momento irresistible ofrecido por Venus, porque los efectos cotidianos del Sol y Luna en lo más alto del cielo son influidos por la configuración de cada día de los planetas. Según el clima astral del día, estos efectos estarán enfatizados o limitados por los otros planetas.

¿Qué decir de las personas que nacen a la hora en la que estos planetas se encuentran en lo más alto?

Nacer al mediodía es índice de crecimiento garantizado. Las personas que tienen la suerte de nacer con el Sol en lo más alto disfrutarán de un impulso en el crecimiento personal durante toda su vida. Suelen ser personas que ocupan un lugar importante en la sociedad y que destacan por su carrera profesional.

Las personas que nacen con la Luna en esa posición destacada suelen ser muy populares. Atraen la atención de las masas, inspiran a un gran número de personas y nunca pasan desapercibidas.

Nacer con Venus en lo alto del cielo, en especial cuando Venus se encuentra en el MC, da un encanto y carisma que beneficia a la persona en asuntos profesionales, financieros y sociales.

Con respecto a los momentos luminosos que nos conceden los planetas en el zenit, existe toda una serie de influencias activadas cada día por pocos minutos. Según el planeta que transite lo alto del cielo disfrutamos de diferentes influjos, cada uno de ellos con su serie de aplicaciones.

LOS PLANETAS QUE MÁS DESTACAN SON:

- Júpiter para la suerte.
- Saturno para la autoridad.
- Mercurio para la palabra y comunicación clara.
- Marte para la fuerza y la valentía.

Horarios de la luna en el zenít

FASE LUNAR	HORA APROXIMADA
LUNA NUEVA	12 P. M.
LUMINANTE	3 P. M.
CUARTO CRECIENTE	6 P. M.
GIBOSA	9 P. M.
LUNA LLENA	12 A. M.
DISEMINANTE	3 A. M.
CUARTO MENGUANTE	6 A. M.
LUNA NEGRA	9 A. M.

El principio de proyección te enseña que:

- Las luces y sombras interiores siempre se proyectan en experiencias y relaciones.
- En las lunas negras puedes ver con más facilidad tu sombra (inconsciente) proyectada.
- En las lunas blancas puedes ver con más facilidad tu luz (consciencia).
- La sombra no es mala o buena, es poderosa y siempre se proyecta con fuerza.

Cómo aprovechar el principio de proyección:

- Aprovecha las lunas negras para identificar tu sombra.
- Usa los momentos libres de sombras para obtener resultados exorbitantes.
- Lleva un diario de sombra para hacer consciente lo inconsciente.

El principio de
destilación

El principio de destilación indica que cuando un ciclo concluye la experiencia es procesada entregando una esencia, un legado. Ese legado sostendrá y nutrirá lo que viene después. Cuando un ciclo finaliza pide una ofrenda que será compensada por el crecimiento venidero.

Tú tienes el poder de extraer lo mejor de cada ciclo. La fuerza de tu crecimiento futuro depende del proceso de destilación de tus finales.

No temas las pérdidas, el universo siempre compensa.

Los árboles se sienten morir cuando pierden sus hojas. Mientras se despojan de ellas y se quedan al desnudo, las hojas son renuncia y son ofrenda. Enriquecerán el suelo, nutriendo las raíces y las semillas de los árboles que vendrán. Cada final es como el otoño, donde lo viejo se entrega para ser destilado en sustento para el futuro.

La destilación es un proceso profundo e interior, y suele ser inconsciente. Pero de cada etapa se extrae una conclusión, un aprendizaje, un paradigma. Y se decide cómo narrar la historia de lo que fue.

No solemos considerar lo poderoso que es este acto. Pensamos que el resultado no depende de nosotros, ya que la experiencia llegó a su fin. Sin embargo, el momento de final de ciclo, en la luna negra, es cuando se designa el valor que se le atribuye al ciclo y el potencial de crecimiento de lo que vendrá. No solo puedes diseñar los comienzos, también escoger cómo narrar los finales, designando la herencia que dejarán para tu futuro.

Al final del ciclo, mientras todo se oscurece, la sensibilidad sube y suele ir acompañada de todas las experiencias dolorosas en búsqueda de resolución. La consciencia se vierte hacia la profundidad interior y se pierde claridad exterior. No solemos ser conscientes del poderoso proceso en curso. Las experiencias vividas se están filtrando, separando las impurezas de la esencia, destilándose. Qué será desechado y aprovechado para el futuro es una decisión que suele estar en manos del subconsciente (como a fin de cuentas casi todas las decisiones). Por ejemplo, la caña de azúcar puede ser usada para hacer los dulces cristales que conocemos, pero también alcohol, papel, etc.

> En qué se transforma al final de su ciclo dependerá del proceso.

De la misma forma, internamente, se procesan las experiencias y se decide qué hacer con ellas. Pueden dejar un legado noble y nutritivo, aunque también podrían dejar creencias negativas, bloqueos, que son como toxinas, en lugar de alimento para las semillas de los nuevos comienzos. Y, en vez de impulsar un nuevo crecimiento, lo limitarán. Pero esto no es negativo: tienes el portentoso poder de extraer lo mejor de las peores experiencias. Siempre y cuando estés dispuesto a intervenir en el proceso de cierre para destilar la esencia más noble.

CAER EN LA SOMBRA

«La crisis sucede cuando lo viejo no acaba de morir
y lo nuevo no acaba de nacer».

Bertolt Brecht

Lo que traen las lunas negras, y en general las crisis de la vida, es una expedición a tu lado oscuro. Cada final de ciclo te pone en contacto con lo profundo y aparecen todas esas experiencias que buscan proceso, gestión y cierre. Las heridas no sanadas, el cansancio acumulado, la angustia existencial anestesiada. Todo aquello pide ser digerido por la consciencia entregando un nuevo significado que te permita actualizarte. Y la actualización es un proceso complicado.

El principio de proyección genera que se atribuya todo lo complejo que experimentamos en los momentos difíciles a la experiencia en curso, y no a algo interior que necesita ser enfrentado, aceptado, sanado. Solemos vivir estas experiencias como un tormento, aferrándonos a lo que podemos, para resistir el huracán y esperar a que pase. Pero las lunas negras llegan con una oportunidad sumamente valiosa: se puede resignificar la vida, destilando lo esencial y valioso para que nos alimente y sostenga en las próximas etapas.

El mayor desafío es que el que está en curso es un proceso inconsciente, por lo tanto no hay claridad. Pero podemos siempre arrojar luz donde hay sombras conquistando aquellos espacios que estaban desaprovechados.

Para comprender en profundidad el principio
de destilación, es interesante observar los ciclos
planetarios y en específico la retrogradación de
los planetas. Vamos a ello.

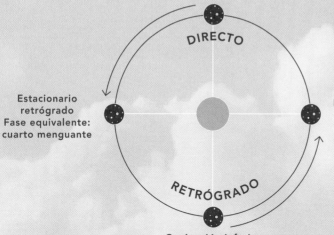

Conjunción superior
Fase equivalente: luna llena

DIRECTO

Estacionario
retrógrado
Fase equivalente:
cuarto menguante

Estacionario directo
Fase equivalente:
cuarto creciente

RETRÓGRADO

Conjunción inferior
Fase equivalente: luna nueva

Conjunción superior

DIRECTO

Estacionario
retrógrado

Estacionario
directo

RETRÓGRADO

Conjunción inferior

CUANDO LAS COSAS VUELVEN

Los planetas retrógrados nos dan una gran lección acerca del principio de destilación. Seguro que has escuchado alguna vez acerca de Mercurio retrógrado y sus travesuras. Para entender de qué trata, te contaré todo lo que debes saber acerca de la destilación de las experiencias, llevada a cabo por los protagonistas del cielo.

> **Antes de entrar en el profundo significado
> de la retrogradación planetaria, es necesario aclarar
> la mecánica celeste involucrada en su movimiento.
> Los planetas nunca se mueven hacia atrás por el cosmos.**

Su órbita siempre gira alrededor del Sol en la misma dirección. Desde el punto de vista terrestre, sin embargo, cuando transitan entre la Tierra y el Sol parece que van en la dirección contraria. Algunos astrólogos definen esto como una «ilusión óptica», aunque es mucho más que eso. Sería como decir que ver el Sol salir cada mañana es una ilusión. Por más que sabemos que no es que el Sol «salga», a partir del amanecer recibimos sus rayos que nos inundan de luz y calor. Esta es una realidad física, no una ilusión. De la misma forma, cuando los planetas retrogradan nos transmiten su luz y frecuencia en una dirección contraria a la que estamos inconscientemente acostumbrados.

Para entrar en la óptica de lo que sucede en la retrogradación planetaria usaremos el ejemplo de una barca en el mar. Imagina que te encuentras en una playa mirando al océano y a un par de cientos de metros de ti hay una barca que da vueltas en círculos, alrededor de una boya, en sentido antihorario. Cuando la barca está girando en dirección a la playa, la ves moverse de izquierda a derecha, completando un semicírculo; mientras que, cuando la barca se orienta hacia el mar abierto, la verás moverse de derecha a izquierda. La barca siempre va hacia el frente, pero tú, desde la distancia, la observas como si cambiara de dirección. Existen dos momentos en los cuales parece que la barca no se mueve lateralmente: se trata de cuando, desde tu punto de vista, tiene que invertir su dirección de derecha a izquierda, y viceversa. En uno de estos instantes la barca se acerca a ti, mientras que en el otro se aleja. Estos dos momentos suceden cuando la barca se encuentra en el semicírculo más cercano a ti.

Si midiéramos la velocidad con la que la barca se mueve, desde el punto de vista de la playa parecerá que acelera cuando se encuentra realizando el semicírculo orientado a mar abierto, así como cuando realiza el semicírculo más cercano a ti. Pero existen dos situaciones donde parece desacelerar hasta pararse, y es cuando está en los extremos laterales de su vuelta a la boya.

> **Existirán dos momentos en los que la barca, la boya y tú os encontráis en una misma línea: cuando la barca se sitúa en su punto más cercano y cuando está en su punto más lejano a la playa.**

Ahora imagina que la boya en el centro es el Sol y tú representas la Tierra. La barca representa un planeta y, cuando está en la misma línea que tú (la Tierra) y la boya (el Sol), sucede lo que se conoce como conjunción al Sol. Una de las conjunciones ocurre con el planeta en el punto más cercano a la Tierra y es conocida como «conjunción inferior». La segunda alineación tendrá lugar cuando el planeta está en su punto más lejano de la Tierra, y se conoce como «conjunción superior». Los dos momentos en que parece no avanzar lateralmente se denominan «estacionarios», ya que da la impresión de que el planeta para y estaciona, cuando en realidad se mueve casi en línea recta en tu dirección o en la dirección contraria. La fase estacionaria sucede al comienzo y al final de la retrogradación. Antes de retrogradar, un planeta se detiene entrando en fase estacionaria retrógrada y, al finalizar este proceso de destilación, para nuevamente en fase estacionaria directa. Estos dos momentos son los más intensos del proceso retrógrado, y es cuando veremos los efectos más relevantes de la retrogradación.

LAS FASES PLANETARIAS

Aparte de la Luna y el Sol, todos los planetas retrogradan. Cuando lo hacen, su energía característica se procesa para destilar nuevos modelos de experiencia. Como todo en este mundo, los planetas también tienen fases, de un ciclo que posee el mismo modelo natural común. Siempre que un planeta comienza a retrogradar se encuentra finalizando un ciclo, y entrando en lo que equivale a la fase de cuarto menguante. Esta fase concluye con la conjunción inferior al Sol, lo que representa el comienzo de un nuevo ciclo sinódico planetario. Cuando el planeta se halla en su fase estacionaria directa, entra en fase de cuarto creciente. Llegará a la fase equivalente a la Luna llena cuando pase detrás del Sol realizando la conjunción superior.

> Normalmente nos referimos a *ciclo sinódico* haciendo referencia al ciclo lunar que va de una luna nueva a la siguiente. Sin embargo, todos los planetas tienen ciclos sinódicos que inician con una conjunción inferior al Sol y que cumple las mismas fases que la Luna.

Comprender mejor este proceso nos ayuda a desvelar qué sucede entre la fase de cierre y la fase de inicio de un ciclo, ya que la retrogradación planetaria es considerada un momento complicado con respecto a la energía que cada planeta representa. En general, se considera que las cuestiones referentes al planeta no avanzan. Su energía, en lugar de fluir hacia delante, va hacia atrás o, mejor dicho, hacia dentro. Una de las características principales de la retrogradación es la poca claridad sobre los asuntos que rige un planeta. Por ejemplo, Mercurio, astro de la comunicación, la mente, el intercambio y el comercio (**Mer**curio y **mer**cado poseen la misma raíz etimológica), cuando retrograda trae retrasos en los viajes, envíos, errores de cálculo y comunicación. Su energía no fluye, porque se encuentra, desde el punto de vista simbólico, procesando un cierre y una reapertura de un ciclo. Para que ello suceda debe procesar toda la información referente a su último ciclo, descartar lo que ya no sirve y usar la información valiosa para generar un nuevo paradigma. En una palabra, *destilar*.

El ejemplo más práctico para comprenderlo es pensar en tu teléfono cuando actualizas el sistema operativo móvil. Funcionará mal o no funcionará del todo mientras lo actualizas. Cuando un planeta retrograda, los asuntos que rige están alterados, lentos y a veces bloqueados, porque se está actualizando y se requiere un proceso de revisión. Esta revisión equivale a la destilación del final de ciclo en las lunas negras. La energía se canaliza en extraer los datos útiles y desechar los datos obsoletos, reconfigurando el sistema.

De la misma forma, tú, al cerrar un ciclo, te encuentras en un proceso de revisión interior que busca actualizar tu sistema. Es necesario analizar las experiencias del ciclo precedente, separar la información útil de la obsoleta y realizar una actualización del sistema. En este momento, de la misma forma que un dispositivo cuando es actualizado, no funcionas como de costumbre. Una gran mejora se está gestando, pero la nueva versión aún no está lista.

Esas situaciones se suelen vivir como una crisis, ya que la persona siente que no está al cien por cien. Experiencias pasadas se hacen presentes, para ser rememoradas y procesadas, separando lo útil de lo inútil. Esto confunde aún más, y lo más probable es que la persona busque el significado de los recuerdos o emociones con respecto al pasado que se presentan. En general, como en cualquier Luna negra, lo que se siente es falta de claridad exterior y falta de fluidez. No es un momento para tomar acción o decisiones importantes ya que la falta de claridad puede jugar en nuestra contra. Además, la energía se concentra en procesar lo vivido, para generar un nuevo modelo más adapto, que corrija los «errores» presentes en el último ciclo.

A fin de cuentas no eres tan diferente de la Luna o los planetas: cuando cierras un ciclo entras en un proceso de actualización. Debes desechar lo viejo y actualizarte «descargando» una nueva versión de ti.

Este proceso te impide avanzar y pensar con claridad, ya que el movimiento y la energía se vierten en tu interior, llevando a cabo cambios en tu subconsciente e inconsciente. Estos cambios sentarán los cimientos de las nuevas dinámicas y marcarán el potencial del crecimiento venidero.

EL VUELO DEL FÉNIX

Es muy curioso que todos hemos visto a alguien caer a lo más bajo, para luego llegar más alto de lo que nunca imaginó. Yo misma lo he experimentado y siempre me causó extrema curiosidad cómo sucede este proceso.

Asociamos lo alto con el paraíso y la luz y lo bajo con el infierno y la oscuridad. Pero abajo también están las raíces y los cimientos de nuestra vida.

Cuando caemos a lo más profundo es el momento donde finalmente estamos en contacto con el suelo, con lo real. Ahí encontramos todo aquello que no solemos mirar y nos asusta. Sin embargo, es también cuando podemos ser finalmente realistas, vulnerables, humildes. El mágico y revelador instante donde vemos finalmente los hilos de nuestra vida y cómo los hemos tejido, enredado y atado. Es la hora en que podemos sacrificar todas las ilusiones y actitudes que no nos sirven.

Cuando entras en una fuerte crisis siempre te enfrentas a la soledad: por mucho que existan almas nobles que te acompañen, te das cuenta de que nadie puede salvarte, solo tú.

Y es entonces cuando sueles aceptar que todo siempre estuvo en tus manos. Cuando observamos las personas felices y exitosas, nos damos cuenta de que

actúan siempre como si fueran los jefes de su vida, los reyes de su mundo. ¡Y cuánta razón tienen! ¿Quién más puede estar a cargo? Por mucho que tengas a Dios, a un guía, un mentor, las acciones y decisiones de tu vida solo pueden estar en tu poder. El principio de pendulación indica cómo los opuestos se alternan entre ellos, y lo mismo sucede con la sensación de poder sobre tu vida. Hasta los siete años todos los niños crecemos con la experiencia de que el poder está fuera de nosotros. Son los adultos quienes saben y pueden decidir; todo depende de los demás. Esto quedará como parte fundamental de nuestro sistema de creencias en el subconsciente. Durante el resto de la vida trataremos de retomar ese poder. Y con «poder» no me refiero a poder sobre los demás, eso es abuso de poder, y tristemente se suelen confundir. «Poder» es la capacidad de administrar y decidir qué hacer con tu vida. Y aunque cualquier adulto es libre de tomar decisiones y administrar su vida, internamente, una sensación común del ser humano es la de no ser capaz o no tener el poder. Cuando llega la crisis del final de ciclo y todo se empieza a derrumbar, las capas superfluas de la existencia se esfuman. Todo parece perder sentido mientras la vida se recicla a sí misma. Y es en ese exilio de la seguridad cotidiana donde finalmente se pueden cambiar las reglas y corregir los errores del sistema interior.

La sensación es que no hay más nada que perder, y justamente por eso uno suele decidir ir a por todas y ganar. El poder proyectado afuera desde la infancia debe regresar a las propias manos.

Destilando emociones

A la hora de enfrentar las fases de cierre o las crisis, puede ser de mucha ayuda saber qué hacer con las emociones.

Sol y Luna son los esposos eternos, en una relación de intercambio constante. Representan la lógica y la intuición, la mente y el corazón, los pensamientos y las emociones. Verlos danzar en el cielo siempre en diferente relación es como un reflejo interior: nuestra lógica siempre juega con nuestra intuición, de la misma forma que el corazón conversa con la mente.

Simbólicamente la Luna representa el área subconsciente e inconsciente del ser humano, mientras que el Sol se corresponde con la consciencia y la superconsciencia.

La Luna indica tanto nuestros instintos más salvajes como las emociones más tiernas y nobles, como la empatía, la gratitud o la alegría.

Por otro lado, el Sol habla de nuestra inteligencia, y en general del área consciente, mental y lógica.

Los seres humanos solemos tener un abanico de emociones aceptadas y recurrentes y otro de emociones rechazadas y censuradas. Casi todos batallamos con algunas de ellas, o simplemente nos desconectamos para no sentirlas. Lo ideal sería saber exactamente qué hacer con esas emociones. Pero no tenemos educación emocional, nadie nos explica realmente cómo funcionan y para qué sirven.

Hay quienes creen que la respuesta es controlar las emociones, aunque eso no suele funcionar. Las emociones forman parte del área subconsciente, y esta es mucho más poderosa que el área desde donde se intentan controlar, o sea, el consciente humano.

Existe una fina línea que separa el control de la gestión, aunque los resultados son diametralmente opuestos. Para algunas personas también puede ser una simple cuestión semántica, ya que se suele usar el concepto «controlar» las emociones, los pensamientos o las acciones haciendo referencia a la gestión de los mismos. Sin embargo, la clave está en comprender la diferencia entre el concepto de controlar y el de gestionar las emociones. La gestión implica un aprovechamiento, dirigir, ordenar. «Control», etimológicamente, significa «restringir». La restricción implica represión, y la represión siempre genera desviación. El que controla restringe, reprime y acumula la potente energía emocional (que no deja de ser una realidad química dentro del cuerpo, hormonas, que ocupan un espacio interior). Esas emociones controladas terminarán desviándose para salir por donde puedan y como puedan. Quizá explotando y haciéndote reaccionar. Y, antes de que eso suceda, en lo profundo de tu interior y a nivel subconsciente, seguirás en contacto permanente con la emoción que reprimes y no dejas salir. Qué ironía, ¿verdad? El rechazo genera un fuerte vínculo con aquello que es rechazado. A nivel emocional, genera presencia y persistencia.

Gestionar conlleva un análisis de la situación, seguido de una decisión acerca del orden que se desea dar a las cosas. Requiere la consciencia de que las emociones no se pueden anular, son como un río que pide cauce. Implica el conocimiento de que las emociones son una energía demasiado poderosa que se puede dirigir y no conviene reprimir porque se volverán en nuestra contra.

El equilibrio siempre suele ser la mejor respuesta. Como individuos, estamos siempre entre estos dos mundos, uno solar y el otro lunar; entre la mente y el corazón, la intuición y la lógica, entre el amor y la estrategia. La mejor forma de comprender las dinámicas entre estas dos dimensiones humanas es usar los elementos con sus niveles de experiencia. El Sol es la parte consciente de los elementos aire y fuego, o mente y acción. La Luna es la parte inconsciente de agua y tierra, o emociones e instinto. Aquello que es inconsciente no se puede controlar. Pero puede ser dirigido y administrado por aquello que es consciente. Por lo tanto, pensamientos y acciones pueden canalizar, dirigir y gestionar emociones e instintos. Ten en cuenta que la energía emocional e instintiva es tremendamente productiva y fértil. Cuando reaccionas según una emoción o impulso estás usando esa energía y obtienes un gran resultado.

Pongamos un ejemplo: tienes un mal día y a tu amiga se le ocurre hacerte un chiste incómodo para ti. No tiene mala intención, pero te hiere. Reaccionas y le dices que es una insensible y aprovechas para soltarle toda una serie de quejas sobre ella y su comportamiento. El resultado es que termináis por dejar de hablar. ¿Qué sucedió? Reaccionaste en base a una emoción. Quizá aquel que controla sus emociones nunca hubiera reaccionado, pero hubiera acumulado resentimiento dentro de sí. Existe una tercera opción: cuando escuchas el chiste y sientes el dolor, te observas y aceptas lo que estás sintiendo. De esta forma validas tu emoción, sin proyectarla. En segundo lugar, decides qué es mejor hacer con esa emoción. Puedes compartirla para dejarla ir, por ejemplo, decirle a tu amiga: «Eso me dolió, es que tengo un mal día y me siento sensible». O también puedes decidir gestionar esa emoción luego, cuando te encuentres a solas y puedas darte un espacio para sentirla y dejarla marchar.

> **Reaccionar según las emociones complicadas o el instinto suele ser indicado solo cuando necesitamos poner límites o defendernos. La mayoría de las veces hace que se genere una reacción en cadena que puede drenar tiempo y energía. Además, se pierde el poder real que poseen las emociones cuando son canalizadas en la justa dirección.**

Este es un resumen simplista de una de las formas de gestionar las emociones y llevar luz (consciencia) a la oscuridad (inconsciencia). La idea es que puedas ir aumentando la consciencia de tus emociones y qué haces con ellas. Ten en cuenta que cualquier deseo o sueño que poseas y quieras realizar se alimenta de tus emociones. Cuando llevas a cabo algo con mucha emoción, toma una fuerza increíble, y usarla positivamente es uno de tus grandes poderes.

Destilando nueva esencia

En mi libro anterior, *Todas tus lunas*, te conté acerca de lo que llamé el «amor conocido» y cómo nuestra luna natal suele revelar mucho acerca del que reconocemos como «amor» en nuestras vidas. Cómo percibimos el ambiente de nuestra infancia y dónde encontramos la seguridad se puede descubrir observando la posición de la Luna al nacer. Pero todo esto equivale también a lo que llamamos el «niño interior». Ese niño que sacó conclusiones de tus experiencias en la infancia, que se volvieron tus creencias a tus siete años de edad. Ese niño sigue vivo dentro de ti. Para él o ella el tiempo no pasó. Las mismas sensaciones que le causaban el amor de mamá y papá (o su ausencia) suelen seguir presentes en la mayor parte de los adultos. Cuando concluyó la etapa de la temprana niñez, un ciclo se cerró, y se destiló la esencia del mismo: un paquete de creencias acerca de la vida que se instaló en el subconsciente. Desde ahí se dictan las leyes del amor en la vida de cada uno. Sin embargo, no son leyes asumidas por el individuo, son las leyes ocultas de una programación inconsciente.

Ya hablamos de este tema cuando analizamos el principio de reiteración. Todo se repite a sí mismo a partir de un patrón inicial y la gran mayoría de las personas piensan que es coincidencia, que no depende de ellos o que no tienen el poder de cambiar estos patrones. La mente es muy peculiar, se cree todo lo que le dices y lo asume como cierto, por lo tanto lo que uno cree se vuelve verdad. Así que te invito a pensar que eres un ser tremendamente poderoso y que tienes la capacidad de cambiar lo que desees.

Como he mencionado antes, el paquete de creencias y conclusiones de nuestros niños internos fue entregado a nuestros siete años de edad. Fue justamente gracias al principio de destilación: se analizó la información, se decidió qué era importante y qué superfluo. Así se formularon las creencias que se mantendrán por el resto de la vida en la mayor parte de los individuos.

> Afortunadamente, puedes volver a destilarlas, una y otra vez.
> Es una de las maravillas de la extraña magia del tiempo.
> Analicemos esto detenidamente.

Según la física cuántica, pasado, presente y futuro son tres realidades aconteciendo al mismo tiempo, a velocidades diferentes. Entrar en esta óptica no es simple; personalmente tuve que leer tres veces el libro del astrofísico Jean-Pierre Garnier Malet acerca del tiempo antes de poder incorporar este concepto. Lo curioso es que, si para la mente lógica el tiempo es lineal, para el subconsciente todo acontece a la vez. No importa si una experiencia sucedió hace décadas, porque cuando la recuerdas la revives, y para tu mente eso se transforma en tiempo presente. Vivimos con un paradigma donde pensamos que podemos influenciar el presente y el futuro, pero no el pasado. Sin embargo, en realidad, por más que los resultados no se puedan cambiar, modificando la relación con las experiencias pasadas y la narrativa que hacemos de ellas, estamos cambiando el pasado: destilando nueva esencia.

¿Será que es posible reescribir el pasado?

Para tu mente lo es. Simplemente porque no somos capaces de ver la realidad, sino la explicación que hacemos de ella. Por lo tanto, si variamos la explicación, la narrativa, cambiaremos la realidad que experimentamos acerca del pasado, y nuestra historia será distinta.

Ahora bien, lo que el niño interior necesita es una madre interior.

Necesita que lo busquemos y le expliquemos que las cosas han cambiado. Ahora somos mayores y tenemos el poder de hacer la vida diferente a lo que fue. Todo esto parece un poco obvio y un poco loco al mismo tiempo. Porque lo es. A veces las cosas, y la mayor parte de ellas, son más simples de lo que parecen. Y, además, suelen ser también mucho más mágicas de lo que aparentan.

Reescribe tu historia: encuentra a tu niño interior y sánalo.

Lo curioso es que la Luna, en astrología, también nos indica cómo somos madres, y cuáles son nuestras aptitudes a la hora de cuidar de alguien más. Cualquier cosa que faltó en la infancia se puede compensar exactamente en el lugar y el momento donde la carencia duele: en el presente y en tu interior. Existen muchas fórmulas para encontrar a ese niño y darle lo que necesita. Te propongo dos diferentes prácticas: sanar a tu niño interior a través de la escritura y a través de la visualización. Cada una de estas dos técnicas funciona mejor según tu forma natural de pensar: las personas más lógicas y mentales se encontrarán más cómodas a través de la escritura, mientras que las personas más emocionales lo harán con la visualización. Te recomiendo experimentar con ambas opciones y ver cuál se ajusta mejor a tus necesidades y tiene mejor efecto en ti. Estos ejercicios pueden hacerse periódicamente hasta ver un cambio consistente en tu vida cotidiana.

Visualización para sanar a tu niño interior:

1. Busca un lugar tranquilo donde puedas sentarte o recostarte cómodamente. Puedes poner música relajante si lo deseas.
2. Cierra los ojos y haz unas cuantas respiraciones profundas y lentas, sintiendo cómo tu cuerpo se relaja con cada exhalación.
3. Imagina que estás en un hermoso jardín rodeado de árboles y flores. Siente la suave brisa en tu piel y escucha el sonido de los pájaros.
4. Mientras te mueves por el jardín, comienza a buscar a tu niño interior. Imagina que es un niño pequeño que lleva la ropa que usabas en tu infancia. Quizá lo encuentres jugando con una pelota o sentado leyendo un libro. Presta atención a todos los detalles que puedas ver.
5. Acércate con amabilidad y ternura y pregúntale cómo se siente y qué necesita.
6. Puede que tu niño interior sonría o también que te muestre una emoción negativa que necesite ser sanada, como miedo, tristeza o enojo. Presta atención lo que te dice y escúchalo con amor y comprensión.
7. Toma a tu niño interior en tus brazos y abrázalo, permitiéndote sentir el amor que tienes por él.
8. Visualiza una luz cálida y brillante que rodea a tu niño interior y a ti, sanando cualquier emoción negativa y llenando tu corazón de amor y felicidad.
9. Dile que ahora estás tú para amarlo, protegerlo y cuidarlo y que siempre vas a estar a su lado para darle todo lo que necesita.
10. Cuando estés listo, suelta a tu niño interior, sabiendo que siempre puedes volver a visitarlo en este jardín mágico.
11. Haz unas cuantas respiraciones profundas y lentas antes de abrir los ojos y regresar al mundo real.

Recuerda que esta es solo una visualización, pero puedes repetirla tantas veces como desees para encontrar y sanar a tu niño interior. Si te resulta difícil hacer esta visualización, te recomiendo buscar guías de meditación o terapia para ayudarte en este proceso de sanación.

Ejercicio de escrítura para sanar a tu niño interior:

Puedes escoger una hoja de tu diario o designar un cuaderno entero para este ejercicio. Llevar un diario dedicado al contacto contigo mismo en la infancia podría ser una herramienta de profunda transformación y sanación interior. En este caso te aconsejo escribir con frecuencia, identificando todos los recuerdos o sensaciones dolorosas de tu infancia.

• Escribe sobre un momento de tu infancia en el que hayas experimentado una emoción negativa, como miedo, tristeza o enojo. Describe el evento con detalles, incluyendo lo que sucedió, cómo te sentiste y cómo reaccionaste.

• Ahora, imagina que estás en una habitación tranquila y segura, y que tu niño interior está contigo. Describe a tu niño interior con detalle. ¿Cómo es? ¿Cómo se siente? ¿Qué necesita en este momento?

• A continuación, comienza a escribir una historia en la que tu niño interior se sana de esa emoción negativa. Puedes imaginar cualquier escenario que te haga sentir cómodo, como un viaje mágico o un encuentro con un mentor sabio. En la historia, tu niño interior aprende a superar su miedo, tristeza o enojo y encuentra una sensación de seguridad y felicidad.

• A medida que escribes la historia, presta atención a los detalles que ayudan a tu niño interior a sanar. ¿Hay un mensaje o lección específica que se transmite? ¿Existe algún personaje o elemento en la historia que represente algo importante para ti?

• Al final de la historia, describe cómo te sientes al ver a tu niño interior sano y feliz. ¿Cómo se siente esta experiencia de sanación? ¿Cómo puedes mantener esta sensación de seguridad y felicidad en tu vida diaria?

Recuerda que este es solo un ejercicio y que el proceso de sanar al niño interior es un trabajo continuo. Puede ser útil repetir este ejercicio regularmente, explorando diferentes emociones y situaciones de tu infancia, para seguir trabajando en tu sanación emocional.

LAS 4 FASES
DE LA LUNA NEGRA

«La enseñanza secreta de la Luna negra es desapego, retirada, rendición, limpieza, cura, destilación de la esencia de la sabiduría, mutación y espera en el silencio tranquilo de la renovación. Este modelo de transformación se aplica a muchas "pequeñas muertes" que suceden en las pérdidas físicas y psicológicas durante el curso de nuestra vida».

Miranda George

¿Cómo es posible que la Luna gire alrededor de la Tierra y veamos siempre la misma cara? La Luna se esconde, gracias a un fenómeno conocido como liberación: se mueve sobre sí misma, mientras gira al mismo tiempo alrededor de la Tierra cuidando siempre de no revelar su lado oscuro. Cuando encontramos la valentía de avanzar en la noche del alma, podemos revelar sus misterios y descubrir lo inesperado.

El proceso de cierre, sea de una etapa dolorosa o de una feliz, requiere una fase de digestión de las experiencias que equivale al de las hojas del árbol que cayeron al suelo y se pudren, reciclando lo viejo en nuevo alimento para la vida.

De la misma forma que en la Luna negra, se enfrentan diferentes procesos para que la destilación se cumpla. Para comprenderlos mejor, los dividiremos en 4 fases.

1.ª fase - La muerte

La primera fase es la más temida y difícil desde el punto de vista psicológico, ya que representa la muerte. Se vive como un susto: se comprende que algo desapareció, que se fue para no volver. Sentimientos como incredulidad y rechazo pueden presentarse. Como es la primera fase de la Luna negra, aún existe claridad y la mente suele luchar contra lo que está sucediendo, argumentando y buscando soluciones para resucitar lo que acaba de concluir.

2.ª fase - La desintegración

Aquello que concluye entra en fase de destrucción, junto con las emociones y pensamientos que acompañaron las experiencias. Esta etapa es dolorosa y difícil desde el punto de vista emocional. La sensación de que algo murió pasa al cuerpo y hay sensaciones sombrías.

3.ª fase - La purificación

Aquí empieza el proceso de destilación, separando lo superfluo de lo esencial y desechando todo aquello que no servirá a la nueva vida. En esta fase se puede sentir mayormente el cuerpo, ya que ahora el proceso se hace físico. Las toxinas biológicas también se procesan, junto con los sedimentos mentales y emocionales que deben expulsarse en esta fase. El cansancio suele aumentar.

4.ª fase - La regeneración

En esta fase la Luna negra se encuentra llegando a su fin. El principio de destilación se cumplió y ahora hay nuevas bases sobre las cuales construir la existencia. Aunque el cansancio y las emociones o pensamientos difíciles pueden estar aún presentes, la transformación ya sucedió y una sensación de curiosidad/expectativa empieza a hacerse presente. La diosa Hécate muestra una gran llave en sus manos en la figura referente a la fase negra que indica la apertura de nuevas dimensiones para el que ha completado el proceso. Es aquí donde esa llave puede ser tomada accediendo a una nueva vida.

El principio de destilación te enseña que:

- Cada fase final pide una ofrenda y deja un legado.
- El universo siempre compensa: no temas las renuncias.
- Aquello que se suelta al final del ciclo genera un impulso de crecimiento en la siguiente etapa.
- No solo puedes diseñar los inicios, también los finales.

Cómo aprovechar el principio de destilación:

- Observa cuál es el aprendizaje que se presenta al final de cada ciclo.
- Decide cuál es la narrativa que deseas hacer de cada etapa.
- Acércate a tu niño interior para destilar una nueva relación contigo mismo usando los ejercicios de escritura y visualización.
- No solo puedes diseñar los inicios, también los finales.

El principio de
evolución

El principio de evolución indica que todo vive un constante
proceso cíclico que implica sofisticación.

Este principio se puede encontrar en los procesos naturales,
sociales, mentales y emocionales. Todo está diseñado para
sofisticarse y evolucionar, y lo hace a través de la
transformación que vivimos en las lunas negras.

El ciclo lunar, modelo de todos los ciclos naturales,
es un ciclo de evolución.

«Tienes que morir unas cuantas veces antes de poder vivir de verdad».
Charles Bukowski

«Ahora debo bosquejar el eclipse […]. Rápidamente, muy muy deprisa, los colores se desvanecieron; todo se puso cada vez más oscuro, como cuando va a comenzar una violenta tempestad; la luz se fue apagando y apagando; seguíamos diciendo que aquello era la sombra; y creíamos que ya había pasado, esto es la sombra, cuando, súbitamente, la luz se apagó del todo. Habíamos caído. Se había extinguido. No había ningún color. La Tierra estaba muerta. Aquel fue un momento desconcertante y, al siguiente, como si una pelota hubiese rebotado, la nube se coloreó de nuevo, solo con un color chispeante y etéreo; así fue como la luz regresó. Tuve la fuerte impresión de que la luz se había apagado a manera de homenaje; algo arrodillado se levantó, de súbito, cuando volvieron los colores. Estos regresaron desconcertadamente raudos y bellos al valle y a las colinas […]. Fue como convalecer. Habíamos estado mucho peor de lo que esperábamos. Habíamos visto al mundo muerto. Es el poder de la naturaleza».
Virginia Woolf, *El diario de Virginia Woolf*, vol. III

Este extracto del diario de la famosa novelista Virginia Woolf conmueve por su profunda descripción de lo que se experimenta durante un eclipse solar. La luz desaparece y es cuando finalmente se valora. Se comprende su presencia cálida y constante. Su magnitud.

Siempre me ha llamado la atención lo poco que se valora el Sol. Cada maña-na llega y pinta la vida, primero suave, luego fuerte. Sube a lo más alto del cielo y calienta la Tierra inundando todos los rincones con su luz. En nuestra cultura el Sol se considera peligroso y dañino: se habla solo de sus características menos nobles. ¿Cuántos realmente comprenden su papel primordial en la naturaleza?

Parece que el Sol deba apagarse para que recordemos lo esencial que es en nuestra vida.

Solemos valorar las cosas cuando experimentamos su ausencia. Ojalá pudié-ramos ver todo aquello que nos sostiene, nos ama, nos potencia, sin tener que perderlo primero. Aunque la ausencia, el vacío, la muerte representada por las lunas negras, anuncia una evolución, un *reset* de la consciencia. Y en la carencia de algo se comprende finalmente su papel.

MISTERIOS LUNARES

La Luna tiene fama de embrujar y enloquecer, hasta el punto de que ha sido asociada a los licántropos, las brujas y los hechiceros. Hasta se llegó a considerar, un par de siglos atrás, una ley especial cuando se cometía un crimen durante los embriagadores efectos de la luna llena. Como si hubiera algo en ella que nos magnetiza hasta el punto de volvernos locos. Existen varias explicaciones de este fenómeno, incluyendo la variación en la producción hormonal humana a lo largo del ciclo lunar. Lo que no suele tener explicación es la magnitud con la que se experimentan los eclipses.

Dos veces por año, en las temporadas de eclipses, entramos en una época donde el tiempo transcurre de forma anómala. Para aquel que no está acostumbrado a observarlo, puede pasar desapercibido. Pero para aquellos, como yo, que se dedican a observar la calidad del tiempo, es algo obvio y palpable.

Se trata de los dos momentos del año en que el Sol transita cerca de los nodos lunares, puntos relacionados desde la Antigüedad con la evolución. Estos mismos puntos son los que permiten los eclipses, momentos de suma intensidad y cambio, que impulsan grandes avances en nuestras vidas.

Qué son realmente los nodos lunares, llamados también nodos del karma, y por qué el Sol y la Luna se oscurecen variando la calidad del tiempo son misterios que vale la pena analizar desde varias perspectivas.

El ciclo que permite predecir los eclipses se conoce como «saros» y era ya conocido hace miles de años. Aun así, el miedo causado por la repentina sombra del eclipse fue algo común en casi todas las culturas antiguas. Se dice que en China durante los eclipses era tradición hacer mucho ruido, golpeando cacerolas, tambores y otros objetos ruidosos para asustar al dragón que supuestamente estaba devorando al Sol o la Luna. Los antiguos mayas también creían que los eclipses eran causados por un jaguar que devoraba las luminarias. Para ahuyentarlo tocaban instrumentos musicales y gritaban. En la India, la gente se sumergía en agua sagrada para purificarse, mientras que en algunas culturas africanas se encendían hogueras para alejar a los espíritus malignos. En general, los eclipses eran vistos como una señal de mala suerte o un mal presagio, y una tradición común era realizar rituales para tratar de evitar cualquier desgracia que pudiera venir con ellos. Se cree que la costumbre de atarse un hilo rojo alrededor del pulso para prevenir el mal de ojo o la mala suerte, deriva de una práctica maya asociada a estos eventos. Las mujeres de esta cultura precolombina solían amarrarse una daga de obsidiana al rededor del vientre, con un cordón rojo, para protegerse de los efectos de los eclipses. Con la llegada de los españoles, esta práctica llamó la atención de los colonizadores, que también temían estos eventos. Las mujeres españolas, en lugar de amarrar la daga, comenzaron a usar solo el cordón rojo, que con el tiempo se empezó a atar al pulso en lugar de en el vientre.

No todas las culturas asociaron los eclipses con eventos peligrosos; por ejemplo, para los mapuches los eclipses solares eran un momento en el que el Sol y la Luna se unían en matrimonio.

Para ellos eran eventos de gran poder místico donde los espíritus de los antepasados regresaban a la Tierra para comunicarse con los vivos y traerles mensajes importantes. Sin embargo, existen muchos rastros en la historia que indican que los eclipses fueron mayormente considerados eventos peligrosos que traían desgracias. Desde mi perspectiva, es natural que los eclipses nos pongan nerviosos. Y, cuando alguien no sabe qué es lo que lo pone nervioso, puede sentirse más

nervioso aún. Además, también es natural que durante los eclipses y en los días cercanos ocurran eventos fuertemente inesperados y rotundamente transformadores. Los eclipses actualizan el tiempo impulsando la evolución. No hay un mejor argumento para hablar del principio de evolución, así que vamos a ello.

> **La evolución no nace de un momento pacífico y tranquilo. Lo hace desde la revolución y el cambio, sinónimos de caos y crisis. Cada temporada de eclipses puede vivirse como revolución y cambio, o como caos y crisis.**

Depende del punto desde donde la miremos. Claro que existirán sucesos que son considerados buenos y otros que son vistos como negativos. Pero la evolución de la que se ocupan los eclipses no considera nuestra paz y placer cotidianos. Considera el alma, el espíritu y nuestro crecimiento espiritual a largo plazo. Estos sucesos no vienen a hacernos felices, sino a alinearnos con un propósito inconsciente de evolución. Un propósito que tiene sentido desde el punto de vista sutil, no tanto práctico. Por ello los sucesos auspiciados por los eclipses pueden llegar como un terremoto que destruye los cimientos donde se basa la estabilidad de nuestra vida. El propósito es permitir que tomemos una nueva dirección, más alineada con nuestra real esencia y naturaleza. Y para ello hay que apartar todo aquello que bloquea el camino. Una vez que el camino ya está liberado veremos logros inesperados, éxitos y sueños cumplirse. Los eclipses traen sorpresas y no siempre sabemos si serán buenas o no. Y, en resumen, son la esencia de las lunas negras: desintegran los bloqueos y transforman profundamente, marcando un antes y un después en nuestras vidas.

EL VACÍO ESTÁ LLENO

La Tierra está constantemente en relación con la radiación solar y lunar, que interactúan con el campo electromagnético terrestre.

Cuando la influencia del Sol o la Luna se ve interrumpida, su campo electromagnético tiene una variación que afecta a todo el campo electromagnético terrestre. La interrupción de la luz, y especialmente de la influencia electromagnética del Sol y la Luna, genera un reseteo en el campo, como un reinicio, un cambio. Por ejemplo, durante los eclipses solares, los fotones de alta energía que se emiten ionizan los átomos en la atmósfera superior y crean un efecto llamado sombra de radio. Esto genera fallos en las telecomunicaciones, un efecto común que podemos observar durante estos eventos: las redes de telefonía suelen fallar, así como la conexión a internet y hasta la red eléctrica puede sufrir interrupciones.

Tus pensamientos, tus emociones y todo lo que percibes depende de la frecuencia electromagnética.

Para comprender por qué un eclipse influye en nuestras vidas hay que comprender que estamos sumergidos en un mar de ondas electromagnéticas que tienen influencia en nuestra mente, nuestras emociones y nuestro estado físico. Comprendemos solo una minúscula parte de las repercusiones que esto genera, los eclipses y sus efectos confirman que la alteración en el campo electromagnético permite cambios profundos. Es como si el tiempo se actualizara impulsando una nueva versión de la realidad, una evolución.

Las ondas de las telecomunicaciones, así como tus pensamientos y emocio-nes, se mueven en un «mar» de frecuencias que suelen tener una determinada amplitud y longitud. Cuando este mar viene sacudido por el cambio generado por la interrupción de la energía que la Tierra recibe naturalmente, se altera y altera las ondas que lo recorren. Aunque vivimos en un paradigma que conside-ra el aire como «espacio vacío», basta analizarlo un momento para cambiar idea: los teléfonos, las televisiones satelitales, todos los dispositivos hoy en día están conectados por ese espacio considerado vacío. De la misma forma que los dis-positivos móviles, nuestros pensamientos y emociones emiten y reciben una determinada gama de frecuencias.

Por más que hay muchísimas indicaciones de esto, como nuestro paradigma social no lo admite, se nos olvida que somos fundamentalmente emisores y receptores de ondas de energía electromagnética.

En el capítulo anterior te hablé brevemente del tiempo desde el punto de vista cuántico. Aunque la ciencia moderna ha hecho un gran esfuerzo para ex-plicar este asunto, no tenemos respuestas claras de qué sucede en él, qué lo mueve, cómo y por qué. La teoría de la relatividad de Einstein demostró que el tiempo y el espacio están relacionados, y que la velocidad y la gravedad afec-tan la medición del tiempo, así como también las fuerzas eléctricas y magnéti-cas. Si bien no hay una admisión académica de esto, según las observaciones empíricas que todos podemos realizar, está claro que la Luna y el Sol poseen un influjo opuesto y complementario. La Luna cuando brilla de noche humedece y enfría. Permite que los fluidos bajen y penetren. El Sol, en su lugar, cuando brilla de día seca y calienta. Permite que los fluidos salgan y suban. Ambos es-timulan todas las formas de vida, pero de manera opuesta. El Sol permite que lo que está dentro salga, y la Luna que lo que está fuera entre. El Sol posee fundamentalmente una fuerza eléctrica emisora, mientras que la Luna tiene una fuerza principalmente magnética y receptiva. ¿Quizá la clave para comprender el misterio del tiempo se base en esta danza electromagnética? No tengo la respuesta. Sin embargo, sé que las variaciones en la frecuencia realizadas por los ocultamientos de las luminarias durante los eclipses surten un fuerte efecto en la vida de los seres humanos. Si no nos damos cuenta de la relación entre eclipses y sucesos es porque no estamos mirando.

LOS NODOS LUNARES

Conocidos también como nodos del karma, los nodos son considerados la trayectoria del alma. Se trata de dos flechas apuntando al pasado y al futuro de nuestra existencia. Se sitúan en las cruces que se forman entre lo que presenciamos como el camino del Sol y el camino de la Luna, desde la perspectiva terrestre. El sendero cósmico aparente que recorre el Sol a lo largo del año es conocido como eclíptica, y su nombre deriva justamente de «eclipse». Esta palabra a su vez proviene del griego «ékleipsis» (ἔκλειψις) y significa «abandono», «desaparición» u «oscurecimiento». Y, como es justamente cuando la Luna cruza este sendero cuando veremos eclipses, el camino solar tomó este nombre.

La órbita lunar se encuentra inclinada 5° con respecto a la eclíptica, y posee dos puntos de intersección, donde el sendero lunar y el solar se encuentran. A estos dos puntos se los conoce como nodos, y se denomina nodo ascendente o Nodo Norte al punto que cruza la carretera cósmica de sur a norte, y nodo descendente o Nodo Sur al punto que la cruza de norte a sur.

Simbólicamente, el Sol representa el espíritu y la Luna el alma, y es en los nodos lunares donde los caminos de ambos pueden encontrarse.

Técnicamente, los nodos lunares son puntos matemáticos que avanzan en el zodiaco de forma retrógrada, recorriendo cada eje de signos por un año y medio. Como su movimiento no es constante y tiene variaciones, desde la Antigüedad se ha usado lo que se conoce como «nodo medio», que equivale a su posición aproximada en el cielo. En cambio, su posición real tiene en cuenta la variación de su velocidad retrógrada, que se detiene cada vez que la Luna lo toca.

El nodo medio retrograda 00°03'11" por día. Por su parte, el nodo verdadero llega a retrogradar hasta 00°11'22" diariamente, para luego parar y ponerse estacionario en el momento que la Luna cruza por uno de ellos. De media, cada nodo retrograda 01°35' por mes, por ello requieren de 1 año y 7 meses para completar la transformación de cada eje de signos. Hoy en día la mayoría de los astrólogos, así como los programas de astrología, tienen en cuenta el nodo verdadero o real. Pese a ello, no es poco común encontrarnos con un nodo medio en cartas astrales o reportes astrológicos.

Como se trata de un eje, siempre los encontramos a 180° el uno del otro, en el mismo grado de dos signos zodiacales opuestos. Por eso también es común que aparezca solo uno de los nodos en una carta (el Nodo Norte), ya que es implícito que el otro nodo se encuentra exactamente en el punto opuesto.

> **Los nodos recorren un área del cielo anunciando que allí son posibles los eclipses, pues se requiere la unión de los caminos del Sol y la Luna para que pueda suceder una ocultación.**

Tenemos lunas llenas y nuevas cada mes, que suceden cuando el Sol y la Luna se alinean a 0° y 180° grados en el zodiaco, que equivale a la medida en longitud. Para que suceda un eclipse es necesario que coincida la alineación en longitud, pero también deben coincidir en latitud, evento posible solo cerca de las uniones de los caminos solar y lunar, o sea, cerca de los nodos lunares.

Los significados atribuidos a los nodos son opuestos, y si el Nodo Norte (NN) se considera el camino a seguir, el Nodo Sur (NS) representa el camino ya recorrido. Son como flechas que apuntan al futuro (NN) y al pasado (NS).

> **Los nodos lunares y su amplio uso derivan de la tradición védica, y por eso se les suelen atribuir significados referentes a la reencarnación y vidas pasadas.**

Como ya te comenté en un capítulo precedente, se suele considerar el NN como bueno y el NS como malo, ya que el NS se encuentra apuntando al pasado y se supone que no debemos ir hacia allá. Además, se le atribuye un valor karmático, aludiendo a deudas con respecto a la ley de causa y efecto. Pero no debemos olvidar que los nodos indican la evolución y gracias al pasado tenemos un caudal importante de camino ya recorrido y lecciones adquiridas. Cuando observas los símbolos de los nodos, el NN se ve como una U invertida, que se parece a una red de las utilizadas para capturar mariposas. Representa el área de experiencias que nos permiten incorporar nueva sabiduría. En cambio, el NS aparece como una U, una bolsita donde guardamos todas las lecciones ya aprendidas. El NS se considera un lugar de comodidad para el individuo, ya que el signo y la casa donde lo encontramos en la carta natal habla de algo que está integrado en la persona. Experiencias que ya se hicieron y son familiares, por lo tanto no hay nada nuevo allí. Por su parte, el NN siempre representa un desafío por todo aquello que el individuo aún no conoce ni es capaz de hacer.

Imagina los nodos lunares como portales temporales: el NN abre el portal al futuro, que debe actualizarse. El NS abre el portal al pasado, que va disolviendo la experiencia. Cuando los eclipses llegan, estos portales se abren, dando oportunidades para una fuerte evolución.

La evolución siempre representa un desafío y nace de la incomodidad. Pero no podemos detenerla, es parte del diseño universal y está codificada en todas las células. Todo está destinado a sofisticarse y mejorarse. No se puede evadir. Aunque sí se puede tratar de resistirla, intensificando así el impulso natural y encontrando condiciones siempre más hostiles hasta rendirnos a ella.

Cada persona tiene su propio camino hacia la evolución. Para algunos significará ser madres y padres, para otros desarrollarse en su carrera artística, para otros más aprender a disfrutar de la vida.

Los nodos lunares nos dan pistas acerca de ese camino de evolución. El NN indica qué propósito tenemos «instalado», para poder evolucionar a través de la experiencia de aquellas cosas que aún no somos capaces de hacer. El NS indica cuáles son las experiencias y el aprendizaje ya integrados, la evolución realizada previamente y aquello en lo que ya nos sentimos cómodos. Este es el motivo por el que se suele considerar el NS como negativo: no estamos diseñados para quedarnos en lo cómodo. Estamos divinamente diseñados para la evolución y la sofisticación. Aun así, nuestro NS nos brinda una caja de herramientas adquiridas en precedencia que solemos no tener en cuenta: trabajamos duro para obtener la experiencia, la sabiduría y la evolución que poseemos, pero, como ya está ahí, igual que el Sol todos los días, no solemos celebrarla.

Para saber dónde están los nodos lunares en tu carta natal y qué indican, entra a mi sitio web y accede a la carta natal gratis (https://lunalogia.com/carta-natal-gratis/). Debajo de la rueda tienes la posición de cada planeta en tu carta. Busca la posición del NN y el NS como en la siguiente tabla:

Planeta/punto	Carta natal	Planetas en tránsito
Sol ☉	09°21' ♌ Casa 2	08°06' ♓ Casa 7
Luna ☽	25°11' ♓ Casa 9	04°15' ♊ Casa 10
Mercurio ☿	07°24' ♌ Casa 2	23°23' ♒ Casa 6
Venus ♀	25°41' ♊ Casa 12	08°10' ♈ Casa 8
Marte ♂	07°17' ♈ Casa 10	18°19' ♊ Casa 10
Júpiter ♃	01°40' ♊ Casa 11	11°25' ♈ Casa 8
Saturno ♄	26°34' ♐ Px Casa 6	28°58' ♒ Casa 6
Urano ♅	27°31' ♐ Px Casa 6	15°27' ♉ Casa 9
Neptuno ♆	08°00' ♑ Px Casa 6	24°28' ♓ Casa 7
Plutón ♇	09°48' ♏ Casa 5	29°26' ♑ Casa 5
→ Nodo Norte ☊	→ 15°51' ♓ Casa 9	07°10' ♉ Casa 9
→ Nodo Sur ☋	→ 15°51' ♍ Casa 3	07°10' ♏ Casa 3
Lilith ⚸	08°47' ♍ Casa 3	05°32' ♌ Casa 12
Quirón ⚷	04°24' ♋ Casa 12	13°50' ♈ Casa 8

ECLIPSES LUNARES
Y ECLIPSES SOLARES

De la misma forma en que las lunas nuevas inician un ciclo y las llenas anuncian la culminación del ciclo, los eclipses solares marcan un comienzo, mientras que los lunares determinan la culminación, cosecha o final de algo. La intensidad de un eclipse depende de las alineaciones planetarias del momento y será vivido de forma singular por cada persona, según la relación planetaria del evento con la carta natal del individuo. Sin embargo, el tipo de eclipse, que

Tipos de eclipses lunares (luna llena eclipsada)

Eclipse lunar penumbral	La Luna pasa por la penumbra generada por la Tierra. Son los menos visibles y pueden pasar desapercibidos ya que la Luna cambia de color pero no se oculta.
Eclipse lunar parcial	La Luna es ocultada en parte por la sombra proyectada de la Tierra.
Eclipse lunar total	La Luna es ocultada por completo por la sombra proyectada por la Tierra.

Los eclipses solares (luna nueva eclipsada)

Eclipse solar parcial	El Sol es ocultado de forma parcial por la sombra proyectada por la Luna.
Eclipse solar total	El Sol es ocultado de forma total por la sombra proyectada por la Luna.
Eclipse solar anular	El Sol es ocultado por la sombra proyectada por la Luna, que se encuentra más cerca de la Tierra con respecto a un eclipse solar total, por lo que se ve más pequeña y forma un anillo de luz.
Eclipse solar híbrido	Este tipo de eclipse tan poco común (solo el 5 % de los eclipses de Sol) se verá como un eclipse anular en ciertas regiones y uno total en otras regiones.

depende de la cercanía de las luminarias con los nodos, también indica su intensidad: los eclipses totales son los más intensos, mientras que los parciales suelen ser vividos con más suavidad.

Tipos de eclipses lunares según la distancia al nodo lunar

Eclipse lunar total	Puede ser cualquier tipo de eclipse lunar	Eclipse lunar parcial o penumbral
Luna llena a menos de 3°45' del nodo	Luna llena a una distancia entre 3°45' y 6° del nodo	Luna llena a menos de 12°15' y más de 3°45' del nodo

Tipos de eclipses solares según la distancia al nodo lunar

Eclipse solar total anular o híbrido	Puede ser cualquier tipo de eclipse solar	Eclipse solar parcial
Luna nueva a menos de 9°55' del nodo	Luna nueva a una distancia entre 9°55' y 11°15' del nodo	Luna nueva a una distancia entre 18°31' y 11°15' del nodo

LOS NODOS EN TRÁNSITO

Por más que el Sol se acerca a uno de los nodos cada seis meses, su tránsito por el cielo tiene constante repercusión en las áreas de vida en las que estamos evolucionando.

> El área de nuestra carta natal visitada por los nodos suele ser el área de nuestra vida que pide más trabajo y tiene más avances, por el año y medio en el que uno de los nodos la visita.

Son justamente estas áreas las que se intensificarán durante los eclipses trayendo revolución y evolución acelerada. Cualquier terapeuta, psicólogo o *coach* lo puede confirmar: sus clientes siempre estarán trabajando las áreas de vida representadas por las casas astrológicas que visitan los nodos en ese periodo, sin importar si es temporada de eclipses o no. Es el área que se encuentra en evolución, y las personas de forma inconsciente trabajan los temas referentes para cumplir con la actualización necesaria. Para comprender de que área se trata se requiere la carta natal de la persona. No basta con saber el día y lugar de nacimiento, ya que sin la hora no podemos saber con exactitud dónde se encuentra el ascendente y dónde comienza cada casa astrológica. Las casas de la carta natal nos indican los ámbitos de vida y están numeradas del 1 al 12. Una vez obtenida la carta natal, hay que identificar dónde se encuentran los grados que transitan los nodos lunares. En la parte interna de la rueda o en la lista de posiciones que suele venir en la carta natal puedes ver en cuál de las doce casas transitan los nodos.

Puedes obtener esta información entrando a mi sitio web y accediendo a la carta natal gratis (https://lunalogia.com/carta-natal-gratis/) para obtener tu carta natal. Debajo de la rueda tienes la posición de los planetas natales y en tránsito. Deberás buscar la posición por casa de los nodos como en la siguiente tabla:

Planeta/punto	Carta natal	Planetas en tránsito
Sol ☉	09°21' ♌ Casa 2	08°06' ♓ Casa 7
Luna ☽	25°11' ♓ Casa 9	04°15' ♊ Casa 10
Mercurio ☿	07°24' ♌ Casa 2	23°23' ♒ Casa 6
Venus ♀	25°41' ♊ Casa 12	08°10' ♈ Casa 8
Marte ♂	07°17' ♈ Casa 10	18°19' ♊ Casa 10
Júpiter ♃	01°40' ♊ Casa 11	11°25' ♈ Casa 8
Saturno ♄	26°34' ♐ Px Casa 6	28°58' ♒ Casa 6
Urano ♅	27°31' ♐ Px Casa 6	15°27' ♉ Casa 9
Neptuno ♆	08°00' ♑ Px Casa 6	24°28' ♓ Casa 7
Plutón ♇	09°48' ♏ Casa 5	29°26' ♑ Casa 5
→ Nodo Norte ☊	15°51' ♓ Casa 9	07°10' ♉ ← Casa 9
→ Nodo Sur ☋	15°51' ♍ Casa 3	07°10' ♏ ← Casa 3
Lílith ⚸	08°47' ♍ Casa 3	05°32' ♌ Casa 12
Quirón ⚷	04°24' ♋ Casa 12	13°50' ♈ Casa 8

Como los nodos siempre están en dos puntos opuestos, transitarán un eje de casas astrológicas por un periodo aproximado de 18 meses.

Aquí tienes la explicación de las áreas de vida en las que vivirás una evolución acelerada según las casas astrológicas por donde transitan los nodos lunares. Ten en cuenta que las áreas respectivas de las casas astrológicas visitadas por los nodos lunares en tránsitos entran en fuerte evolución acompañadas de las crisis necesarias para que esto suceda.

«Las palabras clave para aplicar a la interpretación de eclipses son "énfasis" y "crisis"».

R. C. Jansky

Tránsito de los nodos por casa astrológica:

NN Casa 1 / NS Casa 7

El NN impulsa una revolución en relación con uno mismo, con el propio cuerpo y una mayor consciencia de las propias necesidades y características. Las relaciones de pareja, las alianzas y las sociedades deben cambiar para permitir dinámicas más afines con el nuevo individuo que va gestándose. El tránsito por estas casas suele anunciar el periodo de mayor transformación del individuo.

NN Casa 2 / NS Casa 8

Con el NN transitando la casa 2, el enfoque va a las posesiones y recursos materiales del individuo. Se construye estabilidad, también a través de un cambio en la autoestima. El NS en la casa 8 pide sanar traumas, creencias limitantes y heridas emocionales del pasado, para que una nueva estabilidad emocional se instaure dentro de una nueva estabilidad material.

NN Casa 3 / NS Casa 9

Cuando el NN está visitando la casa 3, el individuo integra una nueva forma de comunicación y contacto con los demás. Es un periodo de gran aprendizaje acerca de cómo uno se relaciona, cómo comunica y cómo aprende y enseña a los demás. Es un momento donde la filosofía de vida suele entrar en crisis para gestar nuevas formas de ver el mundo y la vida.

NN Casa 4 / NS Casa 10

Cuando el NN transita por la casa 4, la persona busca fortalecer sus raíces. Su casa, su familia y el lugar donde vive tienen un enfoque mayor y se profundizan estos temas para que una evolución se cumpla. El NS transita por la casa 10, resolviendo temas sociales y profesionales. El tránsito por estas casas suele anunciar el segundo periodo de mayor transformación del individuo.

NN Casa 5 / NS Casa 11

El NN por la casa 5 impulsa una nueva forma de expresión creativa que algunas veces se manifiesta en dar vida no solo a nuevos proyectos, sino también a un ser humano, siendo padres. El enfoque se centra en cómo el individuo expresa quién es. Los grupos de los cuales la persona forma parte, así como la visión que tiene del mundo y de los demás, suelen transformarse para dar lugar a la nueva forma de expresión.

NN Casa 6 / NS Casa 12

El enfoque va a lo cotidiano, las rutinas y la salud cuando el NN transita por la casa 6. El individuo transforma la manera en la que se cuida a sí mismo y a los demás. Los temas inconscientes y espirituales se purifican gracias al NS recorriendo la casa 12.

NN Casa 7 / NS Casa 1

Con el NN aquí el individuo ve como meta la relación estable y a largo plazo con alguien más, que puede ser su pareja amorosa, un compañero de vida o un aliado que le permita un crecimiento conjunto. La relación consigo mismo requiere adaptación y espacio para las nuevas dinámicas nacientes en sus relaciones.

NN Casa 8 / NS Casa 2

Cuando el NN transita la casa 8, la persona puede querer sanar todas las heridas pendientes. El intercambio emocional toma mucha relevancia y puede finalmente ver muchas cosas que antes no veía. Los valores, las posiciones y la economía del individuo se transforman, dando espacio a una nueva estabilidad.

NN Casa 9 / NS Casa 3

Conocer el mundo, aprender de nuevas culturas, integrar nuevas filosofías se vuelve indispensable en este tránsito. También puede ser un periodo donde el individuo comparte su visión a través de la enseñanza o la publicación de un libro.

> **El individuo se enfoca en ampliar su visión, y su forma de comunicar y conectar con los demás cambia y evoluciona.**

NN Casa 10 / NS Casa 4

La posición social y la profesional entran en una fuerte evolución gracias al tránsito del NN por la casa 10. Este es un tránsito de fuerte crecimiento donde la vida íntima y familiar debe adaptarse para permitir la inversión de tiempo y energía necesarias para una evolución social natural de este periodo.

NN Casa 11 / NS Casa 5

Los proyectos, los grupos y la forma en la que el individuo conecta con lo que lo rodea se sofistican en una evolución que permite encontrar un nuevo lugar en el mundo a través de lo que comparte con él. La expresión personal no es tan importante ahora, debe entrar en revisión para una expresión más alineada con un propósito más amplio y colectivo.

NN Casa 12 / NS Casa 6

Una evolución espiritual se gesta con el tránsito del NN por la casa 12. Lo cotidiano, los hábitos y la salud deben alinearse para que el alma se sostenga en un cuerpo mejor, en mejores prácticas cotidianas y un cuidado más consciente de sí mismo.

Cuando el Sol se acerca a uno de los nodos avisa de que vienen los eclipses: con una cercanía de 18°31' ya es posible un eclipse solar, mientras que a 12°15' también puede ocurrir un eclipse lunar.

Cuando los nodos transitan el eje Aries/Libra habrá eclipse en Aries y Libra; cuando transitan Tauro/Escorpio habrá eclipse en Tauro y Escorpio, y así sucesivamente. También pueden darse eclipses en signos contiguos a los que transitan los nodos, ya que estos eventos son posibles a una cierta distancia de los nodos lunares.

Se narra que el célebre cápitán James Cook fue el hombre que observó más eclipses que nadie en la historia conocida. Hace unos siglos, los navegantes comenzaron a usar los eclipses para conocer las coordenadas exactas donde se encontraban en sus expediciones durante el descubrimiento del mundo. Un libro de esa época escribía: «Una persona hábil para la astronomía puede, mediante el conocimiento de los eclipses, determinar la verdadera diferencia de meridianos entre Londres y el meridiano donde se encuentre su nave» (Charles Leadbetter, *Sistema completo de astronomía*). Por eso los antiguos navegantes fueron también cazadores de eclipses, pues eran como una brújula mágica que les permitía saber dónde se encontraban exactamente. Nosotros podemos hacer algo parecido: saber dónde nos encontramos con respecto a nuestra evolución y cuáles son las áreas que nos pedirán más enfoque y trabajo personal en cada época de nuestra vida. Conocer los eclipses y cómo nos impulsan a evolucionar nos ayuda a saber dónde se dará el crecimiento.

Las casas astrológicas son ámbitos de vida, y la evolución auspiciada por los eclipses en ellas es palpable. Para saber en qué casa cae un eclipse es necesario conocer el grado y signo del eclipse y buscar qué área de tu carta natal involucra. Puedes orientarte usando la lista de eclipses incluida en este libro y buscar el grado y signo específico en tu carta natal.

Veamos los ámbitos de cada casa astrológica en breve:

Eclipse en la casa 1

El efecto se siente en el cuerpo físico. Se tiende a estar más sensible a resfriados, a dolores de espalda o pequeños accidentes domésticos. La relación con uno mismo se modifica, y a su turno el cuerpo y la imagen. Se evoluciona a una nueva relación interior y una percepción diferente de uno mismo.

Eclipse en la casa 2

La influencia de los eclipses en la casa 2 tiende a generar un efecto económico de ganancias o pérdidas inesperadas. Suelen hacerse nuevas adquisiciones o cambios en el salario. Esta casa se ocupa de recursos en general, pero también del valor propio. La estabilidad económica, los valores y la autoestima evolucionan.

Eclipse en la casa 3

Los eclipses en la casa 3 suelen tener un efecto en el uso de la palabra y el conocimiento: aprendizaje, enseñanza, palabra escrita y hablada se sofistican en un proceso de evolución.

Eclipse en la casa 4

Eclipses en esta casa propician una evolución en el círculo íntimo del individuo. Cambios de domicilio, en la vivienda o en asuntos familiares suelen ser comunes. Las raíces, los cimientos y la vida íntima y familiar del individuo toman mucha relevancia.

Eclipse en la casa 5

Los eclipses en la casa 5 transforman y estimulan la expresión personal. Como es la casa de los hijos, este asunto puede estar estimulado porque surgen asuntos urgentes con los mismos o por un nuevo bebé que va a llegar. Esta es también la casa de los noviazgos y suelen aparecer posibles parejas en el caso de estar solteros o temas relevantes con la pareja actual. Lo que está en evolución es la forma de compartir la propia identidad con el mundo.

Eclipse en la casa 6

Una evolución en cómo el individuo cuida de sí mismo suele impulsarse con los eclipses en esta área. Suelen mejorarse los propios hábitos y realizarse cambios en las rutinas cotidianas. Esto lleva a una evolución en el día a día de la persona.

También suelen verse efectos en mascotas o compañeros de trabajo.

Eclipse en la casa 7

Las relaciones de pareja o las alianzas evolucionan. Con eclipses en esta casa podemos ver fuertes avances en la vida compartida con otra persona. Surgen nuevas alianzas o las alianzas establecidas se refuerzan.

Eclipse en la casa 8

Los eclipses en la casa 8 generan efectos en las emociones profundas de la persona. Hay un cambio en cómo se siente la vida, sea por la sanación de viejas heridas, sea por eventos que permiten procesar emociones profundas transformando la relación primordial que se tiene con las cosas.

Eclipse en la casa 9

Los eclipses en la casa 9 tienden a traer una expansión en cómo la persona ve la vida. Viajes y nuevos estudios son los efectos más comunes. En general hay un cambio de filosofía.

Eclipse en la casa 10

Los eclipses en la casa 10 permiten una gran evolución laboral y profesional. En algunos casos con eclipses aquí se dan viajes o aumentos. Suelen representar una evolución en la posición que la persona ocupa en la sociedad.

Eclipse en la casa 11

Esta casa es el área de la conexión y relación con el colectivo. Aquí vemos una evolución en los proyectos que involucran a grupos o que tienen una influencia en el mundo. Es también el área desde donde recibimos del colectivo. Por eso a veces podemos ver que se realizan grandes planes con eclipses en esta área.

Eclipse en la casa 12

La evolución marcada por los eclipses en la casa 12 suele ser inconsciente. Se trata de un área espiritual y onírica y cuando un eclipse cae aquí se impulsa un cambio en las profundidades de la psique. Como los nodos avanzan de la casa 1 (relación con uno mismo) a la casa 12, tenemos eclipses en esta área después de una gran evolución personal, que suele generar un cambio espiritual y una reconexión con la propia alma.

La muerte como expansión

Como astróloga he analizado cientos de cartas natales para descifrar el significado de los eventos que marcan la vida de las personas. El suceso más impactante suele ser la muerte, y, al investigar las alineaciones planetarias de los seres que dejan este plano, se puede encontrar un nuevo significado del final de la vida. Simbólicamente solemos asociar la muerte con una ausencia, con la carencia de salud, con el límite de tiempo en la Tierra. Lo curioso es que desde el punto de vista astrológico esto no siempre es así. Para comprender este dato curioso debemos analizar a Júpiter y Saturno, ya que ellos son los dos planetas que se ocupan de determinar la expansión y contracción de la vida en la Tierra. Júpiter antiguamente era conocido como «el gran benefactor» o «el gran benéfico». Su energía se asocia con la expansión, la abundancia, la juventud, la prosperidad, la sabiduría y la generosidad. Mientras, Saturno fue apodado «el gran maléfico» y se asocia con la disciplina, la responsabilidad, la vejez, el trabajo duro y el límite del tiempo. Es natural que asociemos la muerte con una contracción, un límite, la vejez, o sea, con el planeta Saturno. Pero en muchos casos no es así. Júpiter, señor de la expansión, la ascensión y el nuevo aprendizaje, suele determinar la muerte. Indica lo que muchas culturas nos han enseñado: la muerte no es el final, es una evolución, la expansión a un nuevo plano.

EL VIAJE DE REGRESO
A CASA

«A menudo lo temido pasa bendiciendo».

Bert Hellinger

Dar y recibir, actuar y reflexionar, plantar y cosechar, trabajar para luego disfrutar. Esta es la clave de los ciclos. Una expansión y una contracción. Una aventura de exploración seguida por el regreso a casa. Como las personas suelen vivir con la atención fuera, el regreso se siente como algo desagradable. Volver a uno puede ser un tormento, cuando uno vive cargando con el esfuerzo constante, aguantando las sombras, los dolores, el cansancio. En ese caso no se desea volver. Es mejor estar lejos de uno, donde hay distracción y se anestesian los miedos.

> Pero los ciclos siempre te traerán de regreso a ti, para llevarte otra vez en un viaje de exploración y evolución. Es una rueda que siempre gira.

Contemplar los ciclos naturales de forma profunda aterra. Nos confronta con el viaje de regreso a casa que todos temen: la muerte. Aunque cada vez que volvemos en la existencia, cuando un ciclo termina, nos morimos un poco. Esto indica que otro viaje está por empezar, aunque no suele ser evidente. Cualquier inicio recibe la ofrenda de un final y cualquier final deja en herencia espacio fecundo para el inicio. Es una serpiente que se muerde la cola, un círculo sagrado de expansión y contracción de la vida.

Lo que nos enseña el ciclo es que todo regresa, pero diferente, porque siempre evoluciona.

En nuestra sociedad, el ciclo de vida es considerado estético y agradable hasta que llegamos a la plenitud. Luego viene la vejez paulatina, un camino cuesta abajo que se supone hundirá al individuo en la miseria. Achaques, falta de memoria, debilidad física, enfermedades crónicas. El paradigma de la vejez ha cambiado rotundamente en las últimas décadas y la calidad de vida hoy puede extenderse de formas extraordinarias. Y aún queda mucho por hacer para rescatar el verdadero significado de la etapa de adulto mayor en nuestra sociedad y devolverle su dignidad. Los ancianos son los que tienen la experiencia y la sabiduría y merecen un lugar de honor en nuestra sociedad. Fueron los que nos cuidaron y todos estamos en deuda con ellos.

> No es coincidencia que así como rechazamos la sombra rechacemos también la menopausia, la andropausia, las arrugas y el cabello blanco. Nos aterra envejecer porque indica que avanzamos en el camino y que nos acercamos al final del ciclo. A la evolución que nos llevará a otro plano.

Steven Forrest, en su libro *The Moon Book*, compara los años de vida de un individuo con las 8 fases lunares del ciclo. Cada periodo de 10 años corresponde a una fase, situando la Luna nueva de 0 a 9 años, la Luna llena a los 40 años y la Luna negra entre los 70 y 80 años.

EL CICLO DE VIDA

FASE LUNAR	NUEVA	LUMINANTE	CUARTO CRECIENTE	GIBOSA
Tendencia	CRECIENTE			
Edad	0-9 años	10-19 años	20-29 años	30-39 años
Significado	El individuo llega al mundo sin comprensión ni conocimiento de la vida. Los primeros años son de experimentación y entendimiento.	Entre los 10 y los 20 años, el individuo se desarrolla como adulto y forma su identidad. Según quién es descubre qué es lo que desea.	Entre los 20 y los 30 años, el individuo crea independencia y construye las bases de su vida adulta.	Entre los 30 y los 40 años se presenta un gran desarrollo en la vida del individuo. Suele ser una etapa de gran expansión familiar, social y profesional.

Esto nos permite mirar a la vida más como una rueda que como una línea. O una espiral ascendente, que después del final del viaje seguirá girando y ascendiendo en otros planos.

Si pensamos en el ciclo de evolución como una fase creciente de inversión y una fase menguante de cosecha y aprovechamiento, comprendemos que en la segunda etapa de la vida, desde aproximadamente los 40 hasta los 80 años, cosecharemos aquello que sembramos en la etapa previa. Está en nuestras manos aprovechar de la mejor forma los desenlaces. Nuestro estilo de vida, nuestra capacidad de ser íntegros, responsables y autosuficientes influyen de mayor forma cuando somos adultos mayores. Tener un propósito y actividades que nos llenan determina cuánto disfrutamos y aprovechamos los años de la vejez. Pero especialmente seguiremos de manera natural la tendencia que implementamos en la primera mitad de la vida, aunque podemos decidir cambiarla en cualquier momento a nuestra voluntad. Existen dos actitudes ante la vida: ascendente o descendente. Seguir el principio de evolución requiere fluir con los cambios constantes necesarios para las mejoras necesarias.

El ser humano saludable está en constante adaptación del cambio.

222

LLENA	DISEMINANTE	CUARTO MENGUANTE	NEGRA/ BALSÁMICA
MENGUANTE			
40-49 años	50-59 años	60-69 años	70-80 años
Entre los 40 y los 50 años, el individuo ya posee experiencia, sabiduría y aún tiene mucha energía física. Durante esta etapa existe aún una fuerte expansión acompaña-da de la estabilidad construida previa-mente.	Entre los 50 y los 60 años, la energía física empieza a disminuir y se experimentan cambios hormonales.	Entre los 60 y los 70 años, el individuo posee mucha experiencia y sabiduría aunque la energía y la fuerza disminuyen. Se entra de lleno en la etapa de la vejez.	Entre los 70 y los 80 años, el indivi-duo sabe que está al final de su viaje por esta Tierra. Esto lo sensibiliza emocionalmente y le permite estar más presente y dedicado a disfrutar los momentos.

El principio de evolución anuncia que siempre hay nuevas oportunidades, independientemente de la edad. El Sol vuelve a brillar cada mañana y en la Tierra es de nuevo primavera, no importa cuántos eones lleve de vida. Vivimos simbólicamente etapas de vejez y muerte también de jóvenes. Y, así, viviremos muchas fases nuevas y frescas también de ancianos. Lo que aterra no es la vejez en sí, sino desapegarnos de la imagen de nosotros que hemos creado. Dejar nuestro cuerpo fuerte y nuestro rostro sin arrugas. Despedirnos de las etapas que cumplieron su función. Y es natural. Pero vale la pena tener muy presente que lo más temido es la transición y la crisis que genera. Una vez que estás del otro lado de la sombra, ya brilla nueva luz y la evolución garantiza mejoras para disfrutar más y mejor.

Aliviar ese miedo es posible, practicando con cada Luna negra que se presenta y aprendiendo a mirar y aceptar la transformación que requiere. Esto permite trascenderla sin extender el dolor en sufrimiento. Sin perderte demasiado y sin perder valioso tiempo.

Cuando eras un bebé y te encontrabas dentro de tu madre, nacer representó para ti la muerte de lo conocido. Y fuiste una nueva vida en la Tierra. De la misma forma, cada proceso final es una crisis y muerte que anuncia la evolución a un tipo distinto.

La evolución suele percibirse como crisis, ya que el cambio mueve todo de lugar y uno percibe el caos necesario para un nuevo orden. Aún no se ven las mejoras que estarán disponibles pronto, y aquello que obra para impulsarnos a un lugar mejor puede sentirse como si la vida estuviera poniéndose difícil. En estos momentos es indispensable tener paciencia y enfocarte en los cuidados de tus rutinas y hábitos. La crisis pasará, si se resiste se puede limitar la evolución. Y si se acepta se puede transitar con amor y consciencia y permitir que la sofisticación y la calma lleguen más deprisa.

EN ESTOS MOMENTOS:

- **Recuerda que es una fase de un ciclo de evolución, donde periódicamente enfrentas cambios, crisis y finales para luego renacer con más fortaleza, propósito, sabiduría y pasión por la vida.**
- **Enfrentas experiencias dolorosas que no sanaste en el pasado y tienes la oportunidad de hacerlo para liberarte y seguir más ligero.**
- **Puedes buscar apoyo en personas cercanas, terapeutas, coaches, cualquier cosa que te ayude a llevar el proceso con más tranquilidad.**
- **Las emociones, los pensamientos, las sensaciones que experimentas en los momentos de crisis no llegan para atormentarte, sino con un mensaje. Toma el mensaje y deja que fluyan. Evitarlas no las anula, simplemente las deja para después. Enfrentarlas permite que un ciclo se cumpla y puedas seguir a la siguiente fase luminosa.**
- **Expresar cómo te sientes es un pase mágico muy poderoso: lo que hasta ese momento solo está presente dentro de ti sale y ahora se encuentra fuera para que lo puedas mirar. Que lo escribas o lo comuniques en palabras permite que migren desde tu nivel inconsciente/subconsciente a tu nivel consciente. Esto devuelve el poder a tus manos.**
- **Recuerda que todas las crisis representan la antesala de una evolución.**

El antiguo refrán medieval «los astros inclinan, pero no obligan» contiene la esencia de la astrología moderna evolutiva. Los planetas no nos determinan, de la misma forma que la lluvia o el Sol no determinan nuestra actitud ante la vida y el éxito de nuestras acciones. Son tendencias que podemos reconocer y usar a nuestro favor o no. Observar los eclipses es quizá la forma más práctica de comprender el influjo que las fuentes cósmicas de luz tienen sobre la calidad del tiempo. Y el tiempo que pasa es tuyo. Adueñarte de él y hacer algo hermoso con los minutos, horas y días que tienes es un poder que solo tú puedes activar.

La evolución, como el tiempo que pasa, como la Luna y el Sol, no se puede detener. Estás destinado a la sofisticación, a algo mejor. Por más que el proceso se experimente como una noche del alma, tener presente que la luz siempre vuelve te ayudará a superar tus crisis y sacar lo mejor de ellas.

El principio de evolución te enseña que:

- La evolución es un principio natural.
- La crisis es la antesala de una mejora en tu vida.
- La ausencia de luz en lunas negras permite dimensionar su valor y significado en nuestras vidas.

Cómo aprovechar el principio de evolución:

- Cuando te encuentres en crisis pregúntate qué deseas que cambie y visualiza el mejor futuro posible: se está gestando una evolución y puedes dirigirla a tu favor.
- Analiza los eclipses y el tránsito de los nodos en tu carta natal para saber qué áreas de tu vida tendrán un fuerte crecimiento. Decide cómo deseas aprovecharlo.
- Recuerda que eres naturalmente evolutivo: estás diseñado para mejorar y puedes transformar todas las áreas de tu vida.

CONCLUSIONES

No puedes parar al Sol ni a la Luna, ni dejar de ser naturaleza sagrada. No puedes evitar las lunas negras de tu vida, ni detener la evolución para la que fuiste diseñado. Puedes entregarte al vaivén de la corriente, marcado por el principio de fluctuación, y dejar que te eleve cuando sube, y aprovechar la baja marea para tocar tierra y estar en contacto con tu interior.

Puedes transitar las fases de sombra, consciente de que tienen algo asombroso para entregarte: la oportunidad de hacer consciente lo inconsciente, de iluminar las sombras e iluminarte, evolucionar.

Conócete mejor. Libérate. Empodérate. Y aprende a aprovechar las fases pasivas e introspectivas de tu vida para nutrirte como mereces.

La vida no es fácil. Es un suceso increíble, milagroso y mágico. Y dura poco. Haz de ella algo grandioso y comparte lo mejor que tienes.

Recuerda más a menudo todo lo que haces bien, y todos aquellos motivos por los que te mereces sentirte orgulloso de ti. Las personas conscientes suelen ver aquello que falta por mejorar y suelen olvidar decirse a sí mismos: «Vas bien, estoy orgulloso de ti». Esta simple práctica te acostumbra a mirar tu propia luz y reconocerla.

Gloria a todos aquellos que, como tú, obran por mejorarse a sí mismos, mejorando este mágico y generoso universo. Por más que a veces no lo parezca, el éxito está con nosotros y en nosotros.

En nuestras manos se está gestando la revolución del bien que todos estamos esperando. Gracias por ser parte de ella.

Erica

Apéndice

Los horarios están en tiempo universal (UTC) para simplificar su uso. La UTC, por sus siglas en inglés (Coordinated Universal Time), es la base para la hora civil en todo el planeta.

Según el país donde te encuentras puedes corregir la hora agregando o restando las horas correspondientes al país. Por ejemplo, el UTC de España es UTC+1, lo que significa que deberás agregar 1 hora (UTC+1) y 2 horas en el horario de verano (UTC+2).

Los horarios pueden cambiar según las disposiciones de cada región. Puedes encontrar el UTC de tu país con una breve búsqueda en internet.

Países/regiones	UTC	UTC horario de verano
España, Italia, Francia, Portugal, Alemania	UTC+1	UTC+2
Canarias, Reino Unido	UTC+0	UTC+1
Argentina, Uruguay, Brasil	UTC-3	UTC-3
México, Costa Rica, El Salvador, Guatemala, Honduras, Nicaragua	UTC-6	UTC-5
Panamá, Colombia, Ecuador, Perú	UTC-5	UTC-5
Chile	UTC-4	UTC-4

ECLIPSES DEL AÑO 2021 AL 2044

Año	Fecha	Hora universal	Eclipse	Signo	Saros
2021	26 mayo	11.13	Lunar total	Sagitario 5°29'	121
2021	10 junio	10.52	Solar anular	Géminis 19°42'	147
2021	19 noviembre	8.57	Lunar parcial	Tauro 27°17'	126
2021	4 diciembre	7.43	Solar total	Sagitario 12°16'	152
2022	30 abril	20.28	Solar parcial	Tauro 10°35'	110
2022	16 mayo	18.14	Lunar total	Escorpio 25°16'	131
2022	25 octubre	10.48	Solar parcial	Escorpio 2°07'	124
2022	8 noviembre	11.02	Lunar total	Tauro 15°59'	136
2023	20 abril	4.12	Solar híbrido	Aries 29°52'	129
2023	5 mayo	17.34	Lunar penumbral	Escorpio 14°52'	141
2023	14 octubre	18.00	Solar anular	Libra 21°10'	134
2023	28 octubre	20.15	Lunar parcial	Tauro 5°03'	146
2024	25 marzo	7.13	Lunar penumbral	Libra 5°13'	113
2024	8 abril	18.18	Solar total	Aries 19°22'	139
2024	18 septiembre	2.45	Lunar parcial	Piscis 25°47'	118
2024	2 octubre	18.46	Solar anular	Libra 10°02'	144
2025	14 marzo	6.59	Lunar total	Virgo 23°58'	123
2025	29 marzo	10.48	Solar parcial	Aries 8°53'	149
2025	7 septiembre	18.12	Lunar total	Piscis 15°24'	128
2025	21 septiembre	19.43	Solar parcial	Virgo 28°59'	149
2026	17 febrero	12.13	Solar anular	Acuario 28°56'	121
2026	3 marzo	11.34	Lunar total	Virgo 12°51	133
2026	12 agosto	17.47	Solar total	Leo 20°08'	126
2026	28 agosto	4.14	Lunar parcial	Piscis 4°51'	138
2027	6 febrero	16.00	Solar anular	Acuario 17°39'	131
2027	20 febrero	23.14	Lunar penumbral	Virgo 1°59'	143
2027	18 julio	16.04	Lunar penumbral	Capricornio 25°58'	110
2027	2 agosto	10.07	Solar total	Leo 9°56'	136
2027	17 agosto	7.14	Lunar penumbral	Acuario 24°04'	148
2028	12 enero	4.14	Lunar parcial	Cáncer 21°34'	115
2028	26 enero	15.08	Solar anular	Acuario 6°08'	141
2028	6 julio	18.20	Lunar parcial	Capricornio 15°16'	120
2028	22 julio	2.56	Solar total	Cáncer 29°47'	146
2028	31 diciembre	16.53	Lunar total	Cáncer 10°35'	125
2029	14 enero	17.13	Solar parcial	Capricornio 24°44'	151

Año	Fecha	Hora universal	Eclipse	Signo	Saros
2029	12 junio	4.06	Solar parcial	Géminis 21°37'	118
2029	26 junio	3.23	Lunar total	Capricornio 4°50'	130
2029	11 julio	15.37	Solar parcial	Cáncer 19°30'	156
2029	5 diciembre	15.03	Solar parcial	Sagitario 13°52'	123
2029	20 diciembre	22.43	Lunar total	Géminis 29°18'	135
2030	1 junio	6.29	Solar anular	Géminis 10°53'	128
2030	15 junio	18.34	Lunar parcial	Sagitario 24°38'	140
2030	25 noviembre	6.51	Solar total	Sagitario 3°05'	133
2030	9 diciembre	22.28	Lunar penumbral	Géminis 17°47'	145
2031	7 mayo	3.52	Lunar penumbral	Escorpio 16°32'	138
2031	21 mayo	7.16	Solar anular	Géminis 0°03'	138
2031	5 junio	11.45	Lunar penumbral	Sagitario 14°31'	150
2031	30 octubre	7.46	Lunar penumbral	Tauro 6°47'	117
2031	14 noviembre	21.07	Solar híbrido	Escorpio 22°16'	143
2032	25 abril	15.14	Lunar total	Escorpio 6°00'	122
2032	9 mayo	13.26	Solar anular	Tauro 19°23'	148
2032	18 octubre	19.03	Lunar total	Aries 26°00'	127
2032	3 noviembre	5.34	Solar parcial	Escorpio 11°15'	153
2033	30 marzo	18.02	Solar total	Aries 10°27'	120
2033	14 abril	19.13	Lunar total	Libra 25°07'	132
2033	23 septiembre	13.54	Solar parcial	Libra 0°58'	125
2033	8 octubre	10.56	Lunar total	Aries 15°27'	137
2034	20 marzo	10.18	Solar total	Piscis 29°54'	130
2034	3 abril	19.06	Lunar penumbral	Libra 14°00'	142
2034	12 septiembre	16.19	Solar anular	Virgo 20°01'	135
2034	28 septiembre	2.47	Lunar parcial	Aries 4°58'	147
2035	22 febrero	9.06	Lunar penumbral	Virgo 3°40'	114
2035	9 marzo	23.05	Solar anular	Piscis 19°10'	140
2035	19 agosto	1.12	Lunar parcial	Acuario 26°01'	119
2035	2 septiembre	1.56	Solar total	Virgo 9°26'	145
2036	11 febrero	22.13	Lunar total	Leo 22°48'	124
2036	27 febrero	4.46	Solar parcial	Piscis 8°03'	150
2036	23 julio	10.32	Solar parcial	Leo 1°18'	117
2036	7 agosto	2.52	Lunar total	Acuario 15°13'	129
2036	21 agosto	17.25	Solar parcial	Leo 29°08'	155

Año	Fecha	Hora universal	Eclipse	Signo	Saros
2037	16 enero	9.48	Solar parcial	Capricornio 26°42'	122
2037	31 enero	14.01	Lunar total	Leo 12°00'	134
2037	27 junio	4.09	Lunar parcial	Acuario 4°26'	139
2037	13 julio	2.40	Solar total	Cáncer 21°09'	127
2038	5 enero	13.47	Solar anular	Capricornio 15°21'	132
2038	21 enero	3.49	Lunar penumbral	Leo 1°05'	144
2038	17 junio	2.45	Lunar penumbral	Sagitario 26°11'	111
2038	2 julio	13.32	Solar anular	Cáncer 10°47'	137
2038	16 julio	11.35	Lunar penumbral	Capricornio 23°56'	149
2038	11 diciembre	17.45	Lunar penumbral	Géminis 19°53'	116
2038	26 diciembre	1.00	Solar total	Capricornio 4°18'	142
2039	6 junio	18.54	Lunar parcial	Sagitario 16°00'	121
2039	21 junio	17.12	Solar anular	Cáncer 0°08'	147
2039	30 noviembre	16.56	Lunar parcial	Géminis 8°23'	126
2039	15 diciembre	16.23	Solar total	Sagitario 23°27'	152
2040	11 mayo	3.43	Solar parcial	Tauro 21°11'	119
2040	26 mayo	11.46	Lunar total	Sagitario 5°50'	131
2040	4 noviembre	19.09	Solar parcial	Escorpio 13°05'	124
2040	18 noviembre	19.04	Lunar total	Tauro 27°02'	136
2041	30 abril	11.52	Solar total	Tauro 10°33'	129
2041	16 mayo	0.43	Lunar parcial	Escorpio 25°18'	141
2041	25 octubre	1.36	Solar anular	Escorpio 2°03'	134
2041	8 noviembre	4.35	Lunar parcial	Tauro 16°04'	146
2042	5 abril	14.30	Lunar penumbral	Libra 16°02'	113
2042	20 abril	2.17	Solar total	Tauro 0°07'	139
2042	29 septiembre	10.45	Lunar penumbral	Aries 6°32'	118
2042	14 octubre	2.00	Solar anular	Libra 20°50'	144
2043	25 marzo	14.32	Lunar total	Libra 4°53'	123
2043	9 abril	18.57	Solar total	Aries 19°44'	149
2043	19 septiembre	1.51	Lunar total	Piscis 26°05'	128
2043	3 octubre	3.01	Solar anular	Libra 9°43'	154
2044	28 febrero	20.24	Solar anular	Piscis 9°59'	121
2044	13 marzo	19.38	Lunar total	Virgo 23°51'	133
2044	23 agosto	1.17	Solar total	Virgo 0°41'	126
2044	7 septiembre	11.20	Lunar total	Piscis 15°27'	138

FASES LUNARES DEL AÑO 2023 AL 2035

Año	Mes	Día	Horario universal	Fase lunar	Año	Mes	Día	Horario universal	Fase lunar
2023	May	12	14.28	Cuarto menguante	2023	Dic	12	23.32	Luna nueva
2023	May	19	15.53	Luna nueva	2023	Dic	19	18.39	Cuarto creciente
2023	May	27	15.22	Cuarto creciente	2023	Dic	27	0.33	Luna llena
2023	Jun	4	3.42	Luna llena	2024	Ene	4	3.30	Cuarto menguante
2023	Jun	10	19.31	Cuarto menguante	2024	Ene	11	11.57	Luna nueva
2023	Jun	18	4.37	Luna nueva	2024	Ene	18	3.53	Cuarto creciente
2023	Jun	26	7.50	Cuarto creciente	2024	Ene	25	17.54	Luna llena
2023	Jul	3	11.39	Luna llena	2024	Feb	2	23.18	Cuarto menguante
2023	Jul	10	1.48	Cuarto menguante	2024	Feb	9	22.59	Luna nueva
2023	Jul	17	18.32	Luna nueva	2024	Feb	16	15.01	Cuarto creciente
2023	Jul	25	22.07	Cuarto creciente	2024	Feb	24	12.30	Luna llena
2023	Ago	1	18.32	Luna llena	2024	Mar	3	15.23	Cuarto menguante
2023	Ago	8	10.28	Cuarto menguante	2024	Mar	10	9.00	Luna nueva
2023	Ago	16	9.38	Luna nueva	2024	Mar	17	4.11	Cuarto creciente
2023	Ago	24	9.57	Cuarto creciente	2024	Mar	25	7.00	Luna llena
2023	Ago	31	1.36	Luna llena	2024	Abr	2	3.15	Cuarto menguante
2023	Sep	6	22.21	Cuarto menguante	2024	Abr	8	18.21	Luna nueva
2023	Sep	15	1.40	Luna nueva	2024	Abr	15	19.13	Cuarto creciente
2023	Sep	22	19.32	Cuarto creciente	2024	Abr	23	23.49	Luna llena
2023	Sep	29	9.58	Luna llena	2024	May	1	11.27	Cuarto menguante
2023	Oct	6	13.48	Cuarto menguante	2024	May	8	3.22	Luna nueva
2023	Oct	14	17.55	Luna nueva	2024	May	15	11.48	Cuarto creciente
2023	Oct	22	3.29	Cuarto creciente	2024	May	23	13.53	Luna llena
2023	Oct	28	20.24	Luna llena	2024	May	30	17.13	Cuarto menguante
2023	Nov	5	8.37	Cuarto menguante	2024	Jun	6	12.38	Luna nueva
2023	Nov	13	9.27	Luna nueva	2024	Jun	14	5.18	Cuarto creciente
2023	Nov	20	10.50	Cuarto creciente	2024	Jun	22	1.08	Luna llena
2023	Nov	27	9.16	Luna llena	2024	Jun	28	21.53	Cuarto menguante
2023	Dic	5	5.49	Cuarto menguante	2024	Jul	5	22.57	Luna nueva

Año	Mes	Día	Horario universal	Fase lunar
2024	Jul	13	22.49	Cuarto creciente
2024	Jul	21	10.17	Luna llena
2024	Jul	28	2.52	Cuarto menguante
2024	Ago	4	11.13	Luna nueva
2024	Ago	12	15.19	Cuarto creciente
2024	Ago	19	18.26	Luna llena
2024	Ago	26	9.26	Cuarto menguante
2024	Sep	3	1.56	Luna nueva
2024	Sep	11	6.06	Cuarto creciente
2024	Sep	18	2.34	Luna llena
2024	Sep	24	18.50	Cuarto menguante
2024	Oct	2	18.49	Luna nueva
2024	Oct	10	18.55	Cuarto creciente
2024	Oct	17	11.26	Luna llena
2024	Oct	24	8.03	Cuarto menguante
2024	Nov	1	12.47	Luna nueva
2024	Nov	9	5.55	Cuarto creciente
2024	Nov	15	21.28	Luna llena
2024	Nov	23	1.28	Cuarto menguante
2024	Dic	1	6.21	Luna nueva
2024	Dic	8	15.27	Cuarto creciente
2024	Dic	15	9.02	Luna llena
2024	Dic	22	22.18	Cuarto menguante
2024	Dic	30	22.27	Luna nueva
2025	Ene	6	23.56	Cuarto creciente
2025	Ene	13	22.27	Luna llena
2025	Ene	21	20.31	Cuarto menguante
2025	Ene	29	12.36	Luna nueva
2025	Feb	5	8.02	Cuarto creciente
2025	Feb	12	13.53	Luna llena
2025	Feb	20	17.32	Cuarto menguante
2025	Feb	28	0.45	Luna nueva
2025	Mar	6	16.32	Cuarto creciente
2025	Mar	14	6.55	Luna llena
2025	Mar	22	11.29	Cuarto menguante
2025	Mar	29	10.58	Luna nueva
2025	Abr	5	2.15	Cuarto creciente
2025	Abr	13	0.22	Luna llena
2025	Abr	21	1.36	Cuarto menguante
2025	Abr	27	19.31	Luna nueva
2025	May	4	13.52	Cuarto creciente
2025	May	12	16.56	Luna llena
2025	May	20	11.59	Cuarto menguante
2025	May	27	3.02	Luna nueva
2025	Jun	3	3.41	Cuarto creciente
2025	Jun	11	7.44	Luna llena
2025	Jun	18	19.19	Cuarto menguante
2025	Jun	25	10.32	Luna nueva
2025	Jul	2	19.30	Cuarto creciente
2025	Jul	10	20.37	Luna llena
2025	Jul	18	0.38	Cuarto menguante
2025	Jul	24	19.11	Luna nueva
2025	Ago	1	12.41	Cuarto creciente
2025	Ago	9	7.55	Luna llena
2025	Ago	16	5.12	Cuarto menguante
2025	Ago	23	6.06	Luna nueva
2025	Ago	31	6.25	Cuarto creciente
2025	Sep	7	18.09	Luna llena

Año	Mes	Día	Horario universal	Fase lunar	Año	Mes	Día	Horario universal	Fase lunar
2025	Sep	14	10.33	Cuarto menguante	2026	Abr	17	11.52	Luna nueva
2025	Sep	21	19.54	Luna nueva	2026	Abr	24	2.32	Cuarto creciente
2025	Sep	29	23.54	Cuarto creciente	2026	May	1	17.23	Luna llena
2025	Oct	7	3.48	Luna llena	2026	May	9	21.10	Cuarto menguante
2025	Oct	13	18.13	Cuarto menguante	2026	May	16	20.01	Luna nueva
2025	Oct	21	12.25	Luna nueva	2026	May	23	11.11	Cuarto creciente
2025	Oct	29	16.21	Cuarto creciente	2026	May	31	8.45	Luna llena
2025	Nov	5	13.19	Luna llena	2026	Jun	8	10.00	Cuarto menguante
2025	Nov	12	5.28	Cuarto menguante	2026	Jun	15	2.54	Luna nueva
2025	Nov	20	6.47	Luna nueva	2026	May	21	21.55	Cuarto creciente
2025	Nov	28	6.59	Cuarto creciente	2026	Jun	29	23.57	Luna llena
2025	Dic	4	23.14	Luna llena	2026	Jul	7	19.29	Cuarto menguante
2025	Dic	11	20.52	Cuarto menguante	2026	Jul	14	9.44	Luna nueva
2025	Dic	20	1.43	Luna nueva	2026	Jul	21	11.06	Cuarto creciente
2025	Dic	27	19.10	Cuarto creciente	2026	Jul	29	14.36	Luna llena
2026	Ene	3	10.03	Luna llena	2026	Ago	6	2.21	Cuarto menguante
2026	Ene	10	15.48	Cuarto menguante	2026	Ago	12	17.37	Luna nueva
2026	Ene	18	19.52	Luna nueva	2026	Ago	20	2.46	Cuarto creciente
2026	Ene	26	4.47	Cuarto creciente	2026	Ago	28	4.18	Luna llena
2026	Feb	1	22.09	Luna llena	2026	Sep	4	7.51	Cuarto menguante
2026	Feb	9	12.43	Cuarto menguante	2026	Sep	11	3.27	Luna nueva
2026	Feb	17	12.01	Luna nueva	2026	Sep	18	20.44	Cuarto creciente
2026	Feb	24	12.28	Cuarto creciente	2026	Sep	26	16.49	Luna llena
2026	Mar	3	11.38	Luna llena	2026	Oct	3	13.25	Cuarto menguante
2026	Mar	11	9.38	Cuarto menguante	2026	Oct	10	15.50	Luna nueva
2026	Mar	19	1.23	Luna nueva	2026	Oct	18	16.13	Cuarto creciente
2026	Mar	25	19.18	Cuarto creciente	2026	Oct	26	4.12	Luna llena
2026	Abr	2	2.12	Luna llena	2026	Nov	1	20.28	Cuarto menguante
2026	Abr	10	4.52	Cuarto menguante	2026	Nov	9	7.02	Luna nueva

Año	Mes	Día	Horario universal	Fase lunar
2026	Nov	17	11.48	Cuarto creciente
2026	Nov	24	14.53	Luna llena
2026	Dic	1	6.09	Cuarto menguante
2026	Dic	9	0.52	Luna nueva
2026	Dic	17	5.43	Cuarto creciente
2026	Dic	24	1.28	Luna llena
2026	Dic	30	18.59	Cuarto menguante
2027	Ene	7	20.24	Luna nueva
2027	Ene	15	20.34	Cuarto creciente
2027	Ene	22	12.17	Luna llena
2027	Ene	29	10.55	Cuarto menguante
2027	Feb	6	15.56	Luna nueva
2027	Feb	14	7.58	Cuarto creciente
2027	Feb	20	23.24	Luna llena
2027	Feb	28	5.16	Cuarto menguante
2027	Mar	8	9.29	Luna nueva
2027	Mar	15	16.25	Cuarto creciente
2027	Mar	22	10.44	Luna llena
2027	Mar	30	0.54	Cuarto menguante
2027	Abr	6	23.51	Luna nueva
2027	Abr	13	22.57	Cuarto creciente
2027	Abr	20	22.27	Luna llena
2027	Abr	28	20.18	Cuarto menguante
2027	May	6	10.59	Luna nueva
2027	May	13	4.44	Cuarto creciente
2027	May	20	10.59	Luna llena
2027	May	28	13.58	Cuarto menguante
2027	Jun	4	19.40	Luna nueva
2027	Jun	11	10.56	Cuarto creciente
2027	Jun	19	0.44	Luna llena
2027	Jun	27	4.54	Cuarto menguante
2027	Jul	4	3.02	Luna nueva
2027	Jul	10	18.39	Cuarto creciente
2027	Jul	18	15.45	Luna llena
2027	Jul	26	16.55	Cuarto menguante
2027	Ago	2	10.05	Luna nueva
2027	Ago	9	4.54	Cuarto creciente
2027	Ago	17	7.29	Luna llena
2027	Ago	25	2.27	Cuarto menguante
2027	Ago	31	17.41	Luna nueva
2027	Sep	7	18.31	Cuarto creciente
2027	Sep	15	23.03	Luna llena
2027	Sep	23	10.20	Cuarto menguante
2027	Sep	30	2.36	Luna nueva
2027	Oct	7	11.47	Cuarto creciente
2027	Oct	15	13.47	Luna llena
2027	Oct	22	17.29	Cuarto menguante
2027	Oct	29	13.37	Luna nueva
2027	Nov	6	8.00	Cuarto creciente
2027	Nov	14	3.26	Luna llena
2027	Nov	21	0.48	Cuarto menguante
2027	Nov	28	3.24	Luna nueva
2027	Dic	6	5.22	Cuarto creciente
2027	Dic	13	16.09	Luna llena
2027	Dic	20	9.11	Cuarto menguante
2027	Dic	27	20.12	Luna nueva
2028	Ene	5	1.40	Cuarto creciente
2028	Ene	12	4.30	Luna llena

237

Año	Mes	Día	Horario universal	Fase lunar	Año	Mes	Día	Horario universal	Fase lunar
2028	Ene	18	19.26	Cuarto menguante	2028	Ago	20	10.44	Luna nueva
2028	Ene	26	15.12	Luna nueva	2028	Ago	27	1.36	Cuarto creciente
2028	Feb	3	19.10	Cuarto creciente	2028	Sep	3	23.48	Luna llena
2028	Feb	10	15.04	Luna llena	2028	Sep	12	0.46	Cuarto menguante
2028	Feb	17	8.08	Cuarto menguante	2028	Sep	18	18.24	Luna nueva
2028	Feb	25	10.37	Luna nueva	2028	Sep	25	13.10	Cuarto creciente
2028	Mar	4	9.02	Cuarto creciente	2028	Oct	3	16.25	Luna llena
2028	Mar	11	1.06	Luna llena	2028	Oct	11	11.57	Cuarto menguante
2028	Mar	17	23.23	Cuarto menguante	2028	Oct	18	2.57	Luna nueva
2028	Mar	26	4.31	Luna nueva	2028	Oct	25	4.53	Cuarto creciente
2028	Abr	2	19.15	Cuarto creciente	2028	Nov	2	9.17	Luna llena
2028	Abr	9	10.27	Luna llena	2028	Nov	9	21.26	Cuarto menguante
2028	Abr	16	16.37	Cuarto menguante	2028	Nov	16	13.18	Luna nueva
2028	Abr	24	19.47	Luna nueva	2028	Nov	24	0.15	Cuarto creciente
2028	May	2	2.26	Cuarto creciente	2028	Dic	2	1.40	Luna llena
2028	May	8	19.49	Luna llena	2028	Dic	9	5.39	Cuarto menguante
2028	May	16	10.43	Cuarto menguante	2028	Dic	16	2.06	Luna nueva
2028	May	24	8.16	Luna nueva	2028	Dic	23	21.45	Cuarto creciente
2028	May	31	7.37	Cuarto creciente	2028	Dic	31	16.48	Luna llena
2028	Jun	7	6.09	Luna llena	2029	Ene	7	13.26	Cuarto menguante
2028	Jun	15	4.27	Cuarto menguante	2029	Ene	14	17.24	Luna nueva
2028	Jun	22	18.27	Luna nueva	2029	Ene	22	19.23	Cuarto creciente
2028	Jun	29	12.11	Cuarto creciente	2029	Ene	30	6.04	Luna llena
2028	Jul	6	18.11	Luna llena	2029	Feb	5	21.52	Cuarto menguante
2028	Jul	14	20.57	Cuarto menguante	2029	Feb	13	10.31	Luna nueva
2028	Jul	22	3.02	Luna nueva	2029	Feb	21	15.10	Cuarto creciente
2028	Jul	28	17.40	Cuarto creciente	2029	Feb	28	17.10	Luna llena
2028	Ago	5	8.10	Luna llena	2029	Mar	7	7.52	Cuarto menguante
2028	Ago	13	11.45	Cuarto menguante	2029	Mar	15	4.19	Luna nueva

Año	Mes	Día	Horario universal	Fase lunar
2029	Mar	23	7.33	Cuarto creciente
2029	Mar	30	2.26	Luna llena
2029	Abr	5	19.52	Cuarto menguante
2029	Abr	13	21.40	Luna nueva
2029	Abr	21	19.50	Cuarto creciente
2029	Abr	28	10.37	Luna llena
2029	May	5	9.48	Cuarto menguante
2029	May	13	13.42	Luna nueva
2029	May	21	4.16	Cuarto creciente
2029	May	27	18.37	Luna llena
2029	Jun	4	1.19	Cuarto menguante
2029	Jun	12	3.50	Luna nueva
2029	Jun	19	9.54	Cuarto creciente
2029	Jun	26	3.22	Luna llena
2029	Jul	3	17.57	Cuarto menguante
2029	Jul	11	15.51	Luna nueva
2029	Jul	18	14.14	Cuarto creciente
2029	Jul	25	13.36	Luna llena
2029	Ago	2	11.15	Cuarto menguante
2029	Ago	10	1.56	Luna nueva
2029	Ago	16	18.55	Cuarto creciente
2029	Ago	24	1.51	Luna llena
2029	Sep	1	4.33	Cuarto menguante
2029	Sep	8	10.44	Luna nueva
2029	Sep	15	1.29	Cuarto creciente
2029	Sep	22	16.29	Luna llena
2029	Sep	30	20.57	Cuarto menguante
2029	Oct	7	19.14	Luna nueva
2029	Oct	14	11.09	Cuarto creciente

Año	Mes	Día	Horario universal	Fase lunar
2029	Oct	22	9.28	Luna llena
2029	Oct	30	11.32	Cuarto menguante
2029	Nov	6	4.24	Luna nueva
2029	Nov	13	0.35	Cuarto creciente
2029	Nov	21	4.03	Luna llena
2029	Nov	28	23.48	Cuarto menguante
2029	Dic	5	14.52	Luna nueva
2029	Dic	12	17.49	Cuarto creciente
2029	Dic	20	22.46	Luna llena
2029	Dic	28	9.49	Cuarto menguante
2030	Ene	4	2.49	Luna nueva
2030	Ene	11	14.06	Cuarto creciente
2030	Ene	19	15.54	Luna llena
2030	Ene	26	18.14	Cuarto menguante
2030	Feb	2	16.07	Luna nueva
2030	Feb	10	11.49	Cuarto creciente
2030	Feb	18	6.20	Luna llena
2030	Feb	25	1.58	Cuarto menguante
2030	Mar	4	6.35	Luna nueva
2030	Mar	12	8.48	Cuarto creciente
2030	Mar	19	17.56	Luna llena
2030	Mar	26	9.51	Cuarto menguante
2030	Abr	2	22.02	Luna nueva
2030	Abr	11	2.57	Cuarto creciente
2030	Abr	18	3.20	Luna llena
2030	Abr	24	18.39	Cuarto menguante
2030	May	2	14.12	Luna nueva
2030	May	10	17.11	Cuarto creciente
2030	May	17	11.19	Luna llena

Año	Mes	Día	Horario universal	Fase lunar	Año	Mes	Día	Horario universal	Fase lunar
2030	May	24	4.57	Cuarto menguante	2030	Dic	24	17.32	Luna nueva
2030	Jun	1	6.21	Luna nueva	2030	Dic	31	13.36	Cuarto creciente
2030	Jun	9	3.36	Cuarto creciente	2031	Ene	8	18.26	Luna llena
2030	Jun	15	18.41	Luna llena	2031	Ene	16	12.47	Cuarto menguante
2030	Jun	22	17.20	Cuarto menguante	2031	Ene	23	4.31	Luna nueva
2030	Jun	30	21.34	Luna nueva	2031	Ene	30	7.43	Cuarto creciente
2030	Jul	8	11.02	Cuarto creciente	2031	Feb	7	12.46	Luna llena
2030	Jul	15	2.12	Luna llena	2031	Feb	14	22.50	Cuarto menguante
2030	Jul	22	8.08	Cuarto menguante	2031	Feb	21	15.49	Luna nueva
2030	Jul	30	11.11	Luna nueva	2031	Mar	1	4.02	Cuarto creciente
2030	Ago	6	16.43	Cuarto creciente	2031	Mar	9	4.30	Luna llena
2030	Ago	13	10.44	Luna llena	2031	Mar	16	6.36	Cuarto menguante
2030	Ago	21	1.15	Cuarto menguante	2031	Mar	23	3.49	Luna nueva
2030	Ago	28	23.07	Luna nueva	2031	Mar	31	0.32	Cuarto creciente
2030	Sep	4	21.56	Cuarto creciente	2031	Abr	7	17.21	Luna llena
2030	Sep	11	21.18	Luna llena	2031	Abr	14	12.58	Cuarto menguante
2030	Sep	19	19.56	Cuarto menguante	2031	Abr	21	16.57	Luna nueva
2030	Sep	27	9.55	Luna nueva	2031	Abr	29	19.19	Cuarto creciente
2030	Oct	4	3.56	Cuarto creciente	2031	May	7	3.40	Luna llena
2030	Oct	11	10.47	Luna llena	2031	May	13	19.07	Cuarto menguante
2030	Oct	19	14.50	Cuarto menguante	2031	May	21	7.17	Luna nueva
2030	Oct	26	20.17	Luna nueva	2031	May	29	11.20	Cuarto creciente
2030	Nov	2	11.56	Cuarto creciente	2031	Jun	5	11.58	Luna llena
2030	Nov	10	3.30	Luna llena	2031	Jun	12	2.21	Cuarto menguante
2030	Nov	18	8.32	Cuarto menguante	2031	Jun	19	22.25	Luna nueva
2030	Nov	25	6.46	Luna nueva	2031	Jun	28	0.19	Cuarto creciente
2030	Dic	1	22.57	Cuarto creciente	2031	Jul	4	19.01	Luna llena
2030	Dic	9	22.40	Luna llena	2031	Jul	11	11.50	Cuarto menguante
2030	Dic	18	0.01	Cuarto menguante	2031	Jul	19	13.40	Luna nueva

Año	Mes	Día	Horario universal	Fase lunar	Año	Mes	Día	Horario universal	Fase lunar
2031	Jul	27	10.35	Cuarto creciente	2032	Feb	26	7.43	Luna llena
2031	Ago	3	1.46	Luna llena	2032	Mar	5	1.47	Cuarto menguante
2031	Ago	10	0.24	Cuarto menguante	2032	Mar	11	16.25	Luna nueva
2031	Ago	18	4.32	Luna nueva	2032	Mar	18	20.57	Cuarto creciente
2031	Ago	25	18.40	Cuarto creciente	2032	Mar	27	0.46	Luna llena
2031	Sep	1	9.20	Luna llena	2032	Abr	3	10.10	Cuarto menguante
2031	Sep	8	16.14	Cuarto menguante	2032	Abr	10	2.39	Luna nueva
2031	Sep	16	18.47	Luna nueva	2032	Abr	17	15.24	Cuarto creciente
2031	Sep	24	1.20	Cuarto creciente	2032	Abr	25	15.10	Luna llena
2031	Sep	30	18.58	Luna llena	2032	May	2	16.02	Cuarto menguante
2031	Oct	8	10.50	Cuarto menguante	2032	May	9	13.36	Luna nueva
2031	Oct	16	8.21	Luna nueva	2032	May	17	9.43	Cuarto creciente
2031	Oct	23	7.36	Cuarto creciente	2032	May	25	2.37	Luna llena
2031	Oct	30	7.33	Luna llena	2032	May	31	20.51	Cuarto menguante
2031	Nov	7	7.02	Cuarto menguante	2032	Jun	8	1.32	Luna nueva
2031	Nov	14	21.10	Luna nueva	2032	Jun	16	3.00	Cuarto creciente
2031	Nov	21	14.45	Cuarto creciente	2032	Jun	23	11.32	Luna llena
2031	Nov	28	23.18	Luna llena	2032	Jun	30	2.12	Cuarto menguante
2031	Dic	7	3.20	Cuarto menguante	2032	Jul	7	14.41	Luna nueva
2031	Dic	14	9.06	Luna nueva	2032	Jul	15	18.32	Cuarto creciente
2031	Dic	21	0.00	Cuarto creciente	2032	Jul	22	18.52	Luna llena
2031	Dic	28	17.33	Luna llena	2032	Jul	29	9.25	Cuarto menguante
2032	Ene	5	22.04	Cuarto menguante	2032	Ago	6	5.11	Luna nueva
2032	Ene	12	20.07	Luna nueva	2032	Ago	14	7.51	Cuarto creciente
2032	Ene	19	12.14	Cuarto creciente	2032	Ago	21	1.47	Luna llena
2032	Ene	27	12.52	Luna llena	2032	Ago	27	19.33	Cuarto menguante
2032	Feb	4	13.49	Cuarto menguante	2032	Sep	4	20.57	Luna nueva
2032	Feb	11	6.24	Luna nueva	2032	Sep	12	18.49	Cuarto creciente
2032	Feb	18	3.29	Cuarto creciente	2032	Sep	19	9.30	Luna llena

Año	Mes	Día	Horario universal	Fase lunar
2032	Sep	26	9.12	Cuarto menguante
2032	Oct	4	13.26	Luna nueva
2032	Oct	12	3.48	Cuarto creciente
2032	Oct	18	18.58	Luna llena
2032	Oct	26	2.29	Cuarto menguante
2032	Nov	3	5.45	Luna nueva
2032	Nov	10	11.33	Cuarto creciente
2032	Nov	17	6.42	Luna llena
2032	Nov	24	22.48	Cuarto menguante
2032	Dic	2	20.53	Luna nueva
2032	Dic	9	19.08	Cuarto creciente
2032	Dic	16	20.49	Luna llena
2032	Dic	24	20.39	Cuarto menguante
2033	Ene	1	10.17	Luna nueva
2033	Ene	8	3.34	Cuarto creciente
2033	Ene	15	13.07	Luna llena
2033	Ene	23	17.46	Cuarto menguante
2033	Ene	30	22.00	Luna nueva
2033	Feb	6	13.34	Cuarto creciente
2033	Feb	14	7.04	Luna llena
2033	Feb	22	11.53	Cuarto menguante
2033	Mar	1	8.23	Luna nueva
2033	Mar	8	1.27	Cuarto creciente
2033	Mar	16	1.37	Luna llena
2033	Mar	24	1.50	Cuarto menguante
2033	Mar	30	17.52	Luna nueva
2033	Abr	6	15.14	Cuarto creciente
2033	Abr	14	19.17	Luna llena
2033	Abr	22	11.42	Cuarto menguante
2033	Abr	29	2.46	Luna nueva
2033	May	6	6.45	Cuarto creciente
2033	May	14	10.43	Luna llena
2033	May	21	18.29	Cuarto menguante
2033	May	28	11.36	Luna nueva
2033	Jun	4	23.39	Cuarto creciente
2033	Jun	12	23.19	Luna llena
2033	Jun	19	23.29	Cuarto menguante
2033	Jun	26	21.07	Luna nueva
2033	Jul	4	17.12	Cuarto creciente
2033	Jul	12	9.29	Luna llena
2033	Jul	19	4.07	Cuarto menguante
2033	Jul	26	8.13	Luna nueva
2033	Ago	3	10.26	Cuarto creciente
2033	Ago	10	18.08	Luna llena
2033	Ago	17	9.43	Cuarto menguante
2033	Ago	24	21.40	Luna nueva
2033	Sep	9	2.21	Cuarto creciente
2033	Sep	15	17.34	Luna llena
2033	Sep	23	13.40	Cuarto menguante
2033	Oct	1	16.33	Luna nueva
2033	Oct	8	10.58	Cuarto creciente
2033	Oct	15	4.47	Luna llena
2033	Oct	23	7.28	Cuarto menguante
2033	Oct	31	4.46	Luna nueva
2033	Nov	6	20.32	Cuarto creciente
2033	Nov	13	20.09	Luna llena
2033	Nov	22	1.39	Cuarto menguante
2033	Nov	29	15.15	Luna nueva

Año	Mes	Día	Horario universal	Fase lunar	Año	Mes	Día	Horario universal	Fase lunar
2033	Dic	6	7.22	Cuarto creciente	2034	Jul	9	1.59	Luna llena
2033	Dic	13	15.28	Luna llena	2034	Jul	15	18.15	Cuarto menguante
2033	Dic	21	18.46	Cuarto menguante	2034	Jul	23	7.05	Luna nueva
2033	Dic	29	0.20	Luna nueva	2034	Jul	31	5.54	Cuarto creciente
2034	Ene	4	19.47	Cuarto creciente	2034	Ago	7	6.50	Luna llena
2034	Ene	12	13.17	Luna llena	2034	Ago	14	3.53	Cuarto menguante
2034	Ene	20	10.01	Cuarto menguante	2034	Ago	22	0.43	Luna nueva
2034	Ene	27	8.32	Luna nueva	2034	Ago	29	16.49	Cuarto creciente
2034	Feb	3	10.04	Cuarto creciente	2034	Sep	5	11.41	Luna llena
2034	Feb	11	11.09	Luna llena	2034	Sep	12	16.14	Cuarto menguante
2034	Feb	18	23.10	Cuarto menguante	2034	Sep	20	18.39	Luna nueva
2034	Feb	25	16.34	Luna nueva	2034	Sep	28	2.57	Cuarto creciente
2034	Mar	5	2.10	Cuarto creciente	2034	Oct	4	18.05	Luna llena
2034	Mar	13	6.44	Luna llena	2034	Oct	12	7.33	Cuarto menguante
2034	Mar	20	10.15	Cuarto menguante	2034	Oct	20	12.03	Luna nueva
2034	Mar	27	1.18	Luna nueva	2034	Oct	27	12.42	Cuarto creciente
2034	Abr	3	19.19	Cuarto creciente	2034	Nov	3	3.27	Luna llena
2034	Abr	11	22.45	Luna llena	2034	Nov	11	1.16	Cuarto menguante
2034	Abr	18	19.26	Cuarto menguante	2034	Nov	19	4.01	Luna nueva
2034	Abr	25	11.35	Luna nueva	2034	Nov	25	22.32	Cuarto creciente
2034	May	3	12.16	Cuarto creciente	2034	Dic	2	16.46	Luna llena
2034	May	11	10.56	Luna llena	2034	Dic	10	20.14	Cuarto menguante
2034	May	18	3.13	Cuarto menguante	2034	Dic	18	17.45	Luna nueva
2034	May	24	23.58	Luna nueva	2034	Dic	25	8.54	Cuarto creciente
2034	Jun	2	3.54	Cuarto creciente	2035	Ene	1	10.01	Luna llena
2034	Jun	9	19.44	Luna llena	2035	Ene	9	15.03	Cuarto menguante
2034	Jun	16	10.26	Cuarto menguante	2035	Ene	17	4.45	Luna nueva
2034	Jun	23	14.35	Luna nueva					
2034	Jul	1	17.44	Cuarto creciente					

AGRADECIMIENTOS

Al más de de un millón de personas que me siguen
en redes, me leen y me escuchan en mi podcast:
este libro fue posible gracias a ustedes.

A mi grupo de trabajo, a Anna Johansson y a mi
familia y amigos por el apoyo incondicional.

Eternamente agradecida.

Este libro se terminó de imprimir
en mayo de 2023